Uta Ditsche
Viktoria von Preußen

Zur Erinnerung an die gemeinsame
Bonner Zeit

Uta Ditsche

8. 11. 2010

Uta Ditsche

Viktoria von Preußen
(1866 – 1929)

Kaisertochter und Bürgerin

2010

BOUVIER

ISBN 978-3-416-03298-8

©Bouvier Verlag, Bonn 2010
Alle Rechte vorbehalten. Ohne ausdrücklich Genehmigung des Verlages ist es auch nicht gestattet. das Werk oder Teile daraus fotomechnanisch zu vervielfältigen oder aus Datenträger aufzuzeichnen.
Druck und Einband: buch bücher dd-ag, Birkach
Gedruckt auf säurefreiem Papier

Inhalt

Vorwort • 9

1. Kapitel
Stürmische Zeiten
Vicky oder Siggy? • 11
Das Schicksalsjahr 1866 • 13
Das europäische Mächtekarussel • 14

2. Kapitel
Jugendjahre am Kaiserhof
„Meiner Kindheit glücklich Land"? • 16
Die Kaiserenkelin • 17
Frauenbildung • 18

3. Kapitel
Ein Herz und keine Krone
Trügerische Hoffnungen • 20
Ein Stein des Anstoßes • 21
„Wenn hinten, weit, in der Türkei, die Völker aufeinanderschlagen" • 23
Die Battenbergs • 25
Sandro • 27
Machtspiele • 28
„Was es heißt, königliche Prinzessin zu sein." • 30

4. Kapitel
Die Schwester des Kaisers
Regierungswechsel • 33
Ein Bräutigam im Wartestand • 35
Wohnungssuche • 37
Das Landhaus • 38
Hochzeit in Athen • 39

5. Kapitel
Wege zum Glück?
Auf der Suche nach einer standesgemäßen Partie • 41

Die große Liebe? • 43
Eheberedung • 45
Hochzeit • 47
Die Reise „nach dem Oriente" • 50

6. Kapitel
Zwischen Bückeburg und Bonn
Die ersten Jahre • 52
Lange Schatten • 54
Prinz Adolf bleibt gelassen • 54
Endlich – ein fester Wohnsitz! • 55
Schwestern • 56

7. Kapitel
Der lippische Thronfolgestreit
Doch noch eine Krone? • 59
„Wenn Schuhmacher und Konditoren Fürsten werden" • 63
Adolf • 65
Der Kaiser mischt sich ein • 66

8. Kapitel
Schicksalsschläge
Rückkehr nach Bonn • 68
Tod der Mutter • 70
„Die Sintflut des Weltkrieges" • 70
Ein Bruderkrieg? • 72
Prinz Adolfs Tod • 73

9. Kapitel
Das Ende der Dynastien
Ein umstrittenes Testament • 76
Untergangsstimmung • 76
Der Kaiser dankt ab • 78

10. Kapitel
Ein fast bürgerliches Dasein
Besatzungszeit • 82

Die Schranken fallen • 84
Gerüchte • 88
Hochzeit in Haus Doorn • 89

11. Kapitel
Eine ungleiche Liebe
Der russische „Baron" • 92
„Ein neues Leben" • 94

12. Kapitel
Der Weg in den Ruin
Schulden! Schulden! Schulden! • 96
Konkurs • 98
Das Ende • 100

Nachwort • 104

Anmerkungen • 106

Benutzte Archive • 111

Literatur • 111

Zeittafel • 113

Personenregister • 118

Stammtafeln • 122

Vorwort

Als der erste Bundeskanzler der Bundesrepublik Deutschland 1949 als Regierungschef in das Bonner Palais Schaumburg einzog, war dessen letzte Hausherrin Viktoria Prinzessin zu Schaumburg-Lippe schon seit 20 Jahren tot. Nur der Name des neuen Amtssitzes erinnerte noch an die extravagante Schwester des letzten deutschen Kaisers Wilhelm II. Fünf Bundeskanzler haben von hier aus die Geschicke des westdeutschen Teilstaates, des „Provisoriums", gelenkt: Konrad Adenauer, Ludwig Erhard, Kurt Georg Kiesinger, Willy Brandt und zuletzt Helmut Schmidt, der dann allerdings in den von ihm angeregten Neubau umzog.

Wer aber war Viktoria? Wenn man dieser Frage nachgeht, wird das Bild einer Frau deutlich, deren Lebensweg die Verwerfungen der Zeit vor und nach dem ersten Weltkrieg widerspiegelt. Adlige Herkunft und ausgeprägtes Standesbewußtsein auf der einen, Sehnsucht nach persönlichem Glück und Selbstbestimmung auf der anderen Seite, ließen sie letzten Endes bei zweifelhaften Abenteurern Zuflucht suchen.

Die von ihr selbst verfasste und im Bonner „Generalanzeiger" kurz vor ihrem Tode im November 1929 veröffentlichte Biographie weckt die Vorstellung eines größtenteils harmonischen und sorglosen Lebens. Ihre zahlreichen Briefe vor allem an ihre Mutter, die spätere Kaiserin Friedrich, vermitteln einen anderen Eindruck.

Die vorliegende Biographie stützt sich auf umfangreiches zum ersten Mal ausgewertetes Quellenmaterial und lässt daraus ein anschauliches Lebens- und Zeitbild entstehen.

1. Kapitel
Stürmische Zeiten

Vicky oder Siggy?

Viktorias Geburt am 12. April vollzog sich mit eben solcher Heftigkeit wie die Stürme, die in den folgenden Monaten des Jahres 1866 über Mitteleuropa hinwegbrausen sollten. Fast wäre die kleine Prinzessin in einem Eisenbahnzug auf der Fahrt von Berlin nach Potsdam zur Welt gekommen, aber ihrer Mutter gelang es gerade noch, das Neue Palais in Potsdam zu erreichen. „Man war so wenig auf mein frühzeitiges Erscheinen gefasst gewesen, dass nichts zur Stelle war", schrieb Viktoria später in ihren Memoiren, „nicht einmal Babywäsche war zu finden, so dass meine Mutter mich in einen alten Unterrock wickeln musste..."[1]. Und doch war der Säugling in eines der führenden Herrscherhäuser dieser Zeit hineingeboren worden. Seine Mutter, die preußische Kronprinzessin Victoria, war die älteste Tochter der englischen Königin Viktoria, der Vater Friedrich Wilhelm sollte seinem Vater König Wilhelm I. dereinst auf dem preußischen Thron folgen. Die kleine Prinzessin wurde am 24. Mai 1866 nach Mutter und Großmutter auf den Namen Viktoria getauft, aber wegen ihrer dunklen Haare und ihres brünetten Teints im Familienkreise zeitlebens Moretta oder auch Möhrchen genannt. Mit einem gewissen Stolz sprach Viktoria später von ihrem „Mohrengesicht" oder ihrer „Moretta-Farbe", die ihr ein etwas fremdländisches Aussehen verleihe.[2] In späteren Jahren setzte sich ähnlich wie bei ihrer Mutter auch die Abkürzung „Vicky" oder auch „Vicksey" durch. Moretta war das fünfte Kind des Kronprinzenpaares, dem erstgeborenen Sohn Wilhelm, als Kaiser später Wilhelm II., folgten Tochter Charlotte und die beiden Söhne Heinrich und Sigismund.

Die Ehe der Eltern, aus gegenseitiger Zuneigung und nicht aus Erwägungen der Staatsräson geschlossen, war in ihrem fast bürgerlichen Zuschnitt glücklich. Mißhelligkeiten wurden eher von außen an das Kronprinzenpaar herangetragen. Otto von Bismarck, seit 1862 preußischer Ministerpräsident, argwöhnte, dass die „Frau Kronprinzeß" in erster Linie Interessen ihres Heimatlandes vertrete und Preußen nach wie vor fremd gegenüberstehe. Davon konnte jedoch zumindest in den ersten Ehejahren keine Rede sein. „Meine Heimat habe ich verlassen um mein Paradies bei Dir zu finden",[3] schrieb sie im Mai 1859 an ihren Gemahl während ihres ersten Englandaufenthaltes, ein Jahr nach ihrer Hochzeit. Bismarck aber blieb weiterhin misstrauisch gegenüber der „Engländerin" und diese Skepsis übertrug sich nach und nach auch auf andere Kreise des Hofes.

Eine zusätzliche Belastung für die jungen Eltern brachte der Gesundheitszustand des ältesten Sohnes Wilhelm mit sich. Wilhelm war, möglicherweise durch einen ärztlichen Fehler während des Geburtsvorganges, mit einem missgebildeten etwas verkürzten linken Arm zur Welt gekommen. Victoria bemühte sich aufrichtig darum, diesen Sohn wie alle ihre Kinder zu lieben, aber ihre wirklichen Gefühle waren zwiespältig. Die Vorstellung, einen „verstümmelten Sohn" geboren zu haben, war für die auf allen Gebieten nach Perfektion strebende Kronprinzessin unerträglich. „Ich kämpfte gegen die Enttäuschung und den nagenden Kummer, denn sein Arm verbitterte mir das Leben – und ich kam nie zur Freude über seinen Besitz!"[4] Um so mehr neigte die enttäuschte Mutter dazu, den jeweils jüngsten Sohn als großen Hoffnungsträger zu sehen. Auch Viktoria erfuhr das bald. „Als ich noch ein ganz kleines Kind war, erlitten meine Eltern durch den Tod meines Bruders [Sigismund, gest. 18.6.1866] einen herben Verlust...Sein Tod war ein schwerer Schlag für meine Mutter, die infolge der Aufregung krank wurde.". Fluchtartig verließ die Kronprinzessin zusammen mit der vier Monate alten „Moretta" Berlin. Die Reise ins schlesische Riesengebirge erfolgte in großer Hast und wohl auch ohne jede Planung, „denn als wir ankamen, war das Hotel überfüllt, und ich musste in der ersten Nacht mit einem Wäschekorb als Nachtlager vorlieb nehmen."[5] Die Mutter kam über den Verlust ihres „liebsten Kindes", ihres „Stolzes" nicht hinweg. Sie tröstete sich zunächst mit der kleinen Tochter. „Ich denke mitunter meine kleine Tochter Victoria sei Siggy und ich habe es bloß geträumt, dass ich ihn verloren und sie bekommen habe!"⁶ Zwei Jahre später, am 10. Februar 1868, wurde der Sohn Waldemar geboren und wieder richteten sich alle mütterlichen Sehnsüchte auf dieses Kind.

Das Schicksalsjahr 1866

Morettas Geburtsjahr wurde zum Schicksalsjahr für Preußen und ganz Mitteleuropa. Das Kaiserreich Österreich und das Königreich Preußen rivalisierten seit langem um die Vorherrschaft im Deutschen Bund, einem 1815 gegründeten losen Staatenbund, dem 1866 noch 28 souveräne Fürsten und vier freie Reichsstädte angehörten. Einziges Handlungsorgan dieses Bundes war die in Frankfurt am Main tagende Bundesversammlung, ein ständiger Gesandtenkongreß, in dem Österreich den Vorsitz führte. Trotz der ihnen durch die Bundesakte, einer Art Verfassung, garantierten Souveränität mussten sich die Klein- und Mittelstaaten auch wegen ihrer Uneinigkeit bei Mehrheitsentscheidungen stets auf die Seite Preußens oder Österreichs stellen. Im Frühsommer 1866 spitzte sich die Situation zu: Der befürchtete Krieg zwischen Österreich und Preußen brach offen aus, die mit ihnen verbündeten oder liierten deutschen Staaten wurden mit hineingezogen. In der für beide Seiten blutigen Schlacht bei Königgrätz am 3. Juli 1866 errang die vereinigte preußische Armee unter dem Chef des Generalstabs Helmuth von Moltke einen schwer erkämpften Sieg über das von General Ludwig August Ritter von Benedek geführte österreichische Hauptheer. Sieben Wochen später, am 23. August 1866, beendete der Friede von Prag nach Vorverhandlungen in Nikolsburg diesen letzten Krieg zwischen den deutschen Territorialstaaten. Die Folge war eine grundlegende Verschiebung der Machtverhältnisse in Mitteleuropa.

Der Friedensschluß sah im einzelnen folgendes vor: Österreich stimmte der Auflösung des deutschen Bundes sowie den von Preußen beabsichtigten Annexionen des Königreichs Hannover, des Kurfürstentums Hessen-Kassel, des Herzogtums Nassau sowie der freien Reichsstadt Frankfurt am Main zu. Österreich verlor so zwar seinen Einfluß in Deutschland, blieb aber im Gegenzug von Gebietsabtretungen an Preußen verschont. Preußen war somit im nördlichen Teil Deutschlands zur absolut gebietenden und „erdrückenden Macht"[7] aufgestiegen. Seine territoriale Ausdehnung erstreckte sich nun durchgängig von der Memel bis an den Rhein.

Zur beherrschenden Figur in dem nunmehr vergrößerten Preußen wurde der Ministerpräsident (und spätere Reichskanzler) Otto von Bismarck. Trotz anfänglicher Reserviertheit König Wilhelms gegenüber diesem „unsympathischen und unheimlichen" Mann wurde Bismarck schließlich zu dessen engstem Vertrauten. „Daß er ihn [den König] sich unterwarf, steht fest", urteilt Sebastian Haffner, „es gibt nicht eine größere Streitfrage zwischen ihnen, in der Bismarck nachgab oder der Monarch sich durchsetzte."[8] Die kleine Moretta schien etwas von diesem zwiespältigen Verhältnis erahnt zu haben: „Fürst Bismarck war meines Großvaters rechte Hand; ich konnte mir ein Deutschland ohne den Fürsten Bismarck nicht vorstellen. Wir Kinder wussten, dass er stark und streng alles leitete; wir fürchteten ihn ein wenig, wie etwas, das im Hintergrund droht, und an das man denkt, wenn es nötig ist."[9]

Das europäische Mächtekarussell

Drohende Wolken lagen über Mitteleuropa. In Frankreich hatte nach einem gelungenen Staatsstreich ein Neffe Napoleons I. am 2. Dezember 1852 als Kaiser Napoleon III. den Thron bestiegen. Der neue Kaiser wollte Frankreich wieder zu außenpolitischem Glanz verhelfen und versuchte, seinen Einfluß in Europa geltend zu machen. Der preußisch – österreichische Dualismus bot sich an, um eigene Vorstellungen durchzusetzen. Nur so ist auch der rasche Friedensschluß von Prag zu erklären. Bismarck argwöhnte, dass Napoleon als Belohnung für seine Neutralität im deutsch/deutschen Krieg Gebietserweiterungen im linksrheinischen Raum fordern würde und strebte deshalb eine schnelle Aussöhnung mit Österreich an.

England, durch die kronprinzliche Ehe eng mit Preußen verbunden, verhielt sich in der politischen Auseinandersetzung jedoch äußerst zurückhaltend. Im Verhältnis zu anderen europäischen Mächten stützte man sich lieber auf das Prinzip der Nichteinmischung und verharrte in der „splendid isolation".

Russland war innenpolitisch durch lähmende Rückständigkeit in Verwaltung, Armee und Wirtschaft geschwächt. Außenpolitisch machte sich jedoch dank der russischen Expansionsgelüste auf dem Balkan eine zusehende Verschlechterung der Beziehungen zu England und Österreich bemerkbar.

Österreich wandte nach der Niederlage von Königgrätz sein Interesse der Umgestaltung des eigenen Reiches und damit auch der Lösung der immer drängender werdenden Nationalitätenfrage zu. Ein wesentlicher Schritt hierzu war der 1867 erzielte „Ausgleich" mit der ungarischen Reichshälfte, durch den in einer Art Verfassungsakt „Österreich-Ungarn" als gleichberechtigte Doppelmonarchie entstand.

2. Kapitel
Jugendjahre am Kaiserhof

„Meiner Kindheit glücklich Land"?

Viktoria wuchs mit drei älteren und drei jüngeren Geschwistern auf. Zu den älteren gehörte der von ihr bewunderte Bruder Wilhelm, die stets kränkliche Schwester Charlotte und Heinrich, nach dem Tode Sigismunds der nächstälteste Bruder, den Kreis der drei jüngeren bildeten Waldemar, der aber bereits im Alter von elf Jahren starb, die vier Jahre jüngere Schwester Sophie, die spätere Königin von Griechenland, und das jüngste Kind des Kronprinzenpaares, die 1872 geborene Prinzessin Margarethe. Die Harmonie einer glücklichen Kinder- und Jugendzeit, die Viktoria in ihren Memoiren beschwört, in der die sieben Geschwister unbeschwert heranwuchsen, hält jedoch der Wirklichkeit nicht immer stand.

Die Eltern liebten ihre Kinder, sorgten sich um sie, nahmen trotz vielfacher anderweitiger Verpflichtungen persönlich Anteil an ihrer Erziehung und Bildung und dennoch war das familiäre Verhältnis nicht frei von Spannungen. Eine Ursache hierfür war in der Stellung der Mutter am preußischen Hof zu suchen. Kronprinzessin Victoria fühlte sich zunehmend fremd. Sie vermisste Wertschätzung und Anerkennung seitens der Gesellschaft. Das preußische Volk liebe und achte zwar seine Könige und Prinzen, deren angeheiratete Frauen jedoch nur dann, so die Erfahrungen der Kronprinzessin, wenn sie den gängigen Verhaltenserwartungen entsprächen, also lieb und hübsch seien, freundlich lächelten und nie etwas sagten.[10] Verbittert charakterisierte sie in einem Brief an den Kronprinzen ihr von Hofkreisen wahrgenommenes Bild: „*Ich* bin Engländerin, Fremde, herrschsüchtig... kurz nehme *nicht* die Stellung ein, welche am Berliner Hof für eine Prinzessin allein *recht* und passend gefunden wird."[11] Diffuse Vorbehalte gegen die preußische Kronprinzessin wurden durch Bismarck und später auch durch ihren Sohn Wilhelm immer wieder geschürt.

Im Laufe der Zeit übertrug sich diese unfreundliche Haltung auch auf die Tochter Viktoria, die der Mutter von allen vier Töchtern am nächsten stand. Viktoria wurde wie auch ihre Geschwister zunächst von der Kronprinzessin selbst in der englischen Sprache unterrichtet. Kinderbriefe aus der Zeit von 1870 bis 1877 zeigen, dass sie in der Schriftsprache Englisch perfekt beherrschte, während deutsch abgefasste Briefe häufig nur lautmalerisch zu entschlüsseln sind und immer wieder englische Begriffe enthalten.[12] Daraus mangelndes Nationalempfinden abzuleiten, erscheint befremdlich, zumal früher ganz selbstverständlich an deutschen Höfen französisch gesprochen und geschrieben wurde.

Die Kaiserenkelin

Viktoria war knapp fünf Jahre alt als ein Ereignis die politische Lage Preußens und damit auch die Gewichtigkeit des Berliner Hofes nachhaltig veränderte. Nach dem gewonnenen Krieg gegen Frankreich war der Großvater, König Wilhelm I. von Preußen, am 18. Januar 1871 in Versailles zum Kaiser ausgerufen worden. Für Viktoria ein erster Höhepunkt in ihrem Leben: „Obwohl ich noch ein kleines Kind war, besinne ich mich wohl darauf, welch wilde Erregung uns packte, als die Nachricht von der Kaiserproklamation in Versailles uns erreichte".[13]

Am 12. April 1876, ihrem 10. Geburtstag, wurde Viktoria der Luisenorden verliehen. Ein zweiter wesentlicher Einschnitt im Leben der Kaiserenkelin! Mit diesem Orden hatte es eine besondere Bewandtnis: König Friedrich Wilhelm III., Viktorias Urgroßvater, hatte ihn 1814 zum Gedenken an seine früh verstorbene Gemahlin, die unvergessene Königin Luise, als königlich preußischen Frauenverdienstorden gestiftet. Verliehen werden sollte er als Auszeichnung für Frauen, die sich wie einst die Königin in Kriegszeiten[14] verdient gemacht hatten. Er bedeutete zugleich Ehre und Verpflichtung. Nach Tradition des Berliner Hofes wurden Töchtern und Enkelinnen der regierenden Familie an ihrem 10. Geburtstag als Mitglieder dieses Ordens vorgestellt. Und sicher hatte nicht nur Viktoria so empfunden: „Man war sehr stolz und ernst und fühlte eine Verantwortlichkeit, die sonst einem Mädchen von zehn Jahren fremd ist."[15]

Ein gewisser Zug zur Ernsthaftigkeit fällt auf allen Photos von Moretta auf und lässt sie bereits als Kind im Kreise ihrer Geschwister streng wirken. Eine Ausnahme hiervon bildet ein von ihrer Mutter gemaltes Ölbildnis, das die zwölfjährige Prinzessin in ländlicher Tracht mit einem großen Rosenstrauß zeigt und ihr etwas weichere Gesichtszüge verleiht. Dieses Portrait bleibt aber die Ausnahme und spiegelt möglicherweise die zeitlebens spürbare enge Verbundenheit zwischen Mutter und Tochter wider.[16]

Frauenbildung

Immer wieder hatte Kronprinzessin Victoria, Morettas Mutter, zu spüren bekommen, dass sich Preußens höfische Gesellschaft durch offen gezeigte weibliche Intelligenz und Unabhängigkeit unangenehm berührt fühlte. Umso entschlossener verfolgte und unterstützte sie Projekte, die der Förderung und Bildung junger Mädchen dienen sollten. Als Hedwig Heyl, deren soziale Mustereinrichtungen die Kronprinzessin bereits 1878 besucht hatte, 1884 in der Steinmetzstraße in Berlin-Schöneberg eine „Kochschule" für schulentlassene Mädchen einrichtete, erfuhr sie die engagierte Unterstützung der Kronprinzessin. Kurz entschlossen meldete sie ihre Tochter Moretta als eine der ersten Schülerinnen hier an.[17] Die neu gegründete Schule legte neben Kenntnissen der Haushaltsführung auch Wert auf die Ausbildung intellektueller Fähigkeiten junger Mädchen. „Die Schule wurde sehr populär und viel von den Töchtern des Adels besucht; auch ich gehörte zu ihren Schülerinnen", so erinnerte sich Moretta später mit berechtigtem Stolz. „Die Stunden waren sehr angenehm und erwiesen sich noch nach Jahren nützlich."[18]

Die Vorstellungen der Kronprinzessin gingen noch weiter. So

forderte sie zum Entsetzen einflussreicher Hofkreise beharrlich, Sport und körperliche Ertüchtigung in den Erziehungsplan für junge Frauen aufzunehmen. Das hielt man nicht nur für unweiblich und falsch, sondern argwöhnte darin auch eine Unterwanderung der fest gefügten Gesellschaftsordnung, die Mann und Frau ihre unabänderlichen Rollen zuwies.

Einem der Adjutanten des Prinzen von Wales fiel bei einem Besuch in Berlin schon der äußerliche Gegensatz in der preußischen Hofgesellschaft auf: Dem militärischen Glanz der mit Orden und Auszeichnungen bespickten Uniformen, stand die außergewöhnliche Einfachheit der weiblichen Kleidung gegenüber.[19]

Inwieweit Moretta Ideen von Frauenbildung, Selbständigkeit und aktiver Teilnahme am gesellschaftlichen Leben zur damaligen Zeit verinnerlicht hatte, ist nicht eindeutig festzustellen. Zunächst beschränkten sich ihre sozialen Verpflichtungen wohl eher auf „huldvolle" Besuche in Krankenhäusern und Kinderheimen. Erst Jahre später, während ihrer kurzen Zeit als Regentin des kleinen Fürstentums Lippe-Detmold, wandte sie sich ernsthaft und mit großem Einsatz Bildungs- und Erziehungsfragen zu.

3. Kapitel
Ein Herz und keine Krone

Trügerische Hoffnungen

Geburtstagsfeiern, Hochzeiten, Jubiläen wechselten in schier endloser Reihe einander ab und bildeten für heranwachsende Prinzessinnen den Mittelpunkt höfischen Lebens. Das Ziel einer „standesgemäßen" Ehe wurde dabei, allen zaghaften Emanzipationsbemühungen zum trotz, weder von Eltern oder Verwandten noch von den Betroffenen selbst je aus den Augen verloren. Die soziale Stellung der Frau war unweigerlich an die des Mannes gebunden. Hof und Hofgesellschaft boten deshalb das geeignete Umfeld um ebenbürtige Ehen anzubahnen. Der Erhaltung des gesellschaftlichen Status kam in Adelskreisen nach wie vor eine überragende Rolle zu. Dagegen machten sich in sogenannten „progressiven" bürgerlichen Kreisen erste Zweifel an dem tradierten Frauenbild bemerkbar. Bürgertöchter drängten in die wenigen ihnen zugänglichen Berufe wie Lehrerin, Erzieherin oder Gesellschafterin. Es dauerte nicht mehr lange, bis auch Forderungen nach politischer Gleichberechtigung erhoben wurden. Während Kronprinzessin Victoria solchen Bemühungen durchaus offen gegenüberstand, witterte man in preußischen Hofkreisen darin einen Anschlag auf die bestehende Gesellschaftsordnung.

Wenn es um das eigene Schicksal ging, konnten allerdings auch wohlerzogene Prinzessinnen erhebliche Eigeninitiative entwickeln. Viktorias ältere Schwester Charlotte verliebte sich mit knapp sechzehn Jahren in den neun Jahre älteren Erbprinzen Bernhard von Sachsen-Meiningen. Als Bernhard mit einer verbindlichen Erklärung zögerte, weil er zunächst Charlottes Konfirmation abwarten wollte oder sich auch seiner Wahl nicht ganz sicher war, machte sie ihm kurz entschlossen einen Heiratsantrag. „Der letzte entscheidende Schritt...ist nicht von mir, sondern von ihr ausgegangen", so beschrieb Bernhard seinem Vater gegenüber am 13. Dezember 1876 die Situation[20]. Mit der Hochzeit, die dann am 18. Februar 1878 in Berlin stattfand, verbanden Intellektuelle und weite Kreise des aufgeklärten Bürgertums auch politische Hoffnungen. Bernhard galt als liberal und englandfreundlich, eine Stärkung der Stellung des Kronprinzenpaares schien daher nicht ausgeschlossen. Vor allem die liberale Partei glaubte dadurch auf Bismarck, der zwischen England und Russland Stellung beziehen mußte, einen gewissen Druck zugunsten der englischen Ansprüche ausüben zu können. Eine trügerische Hoffnung!

Unmut über die Verbindung von Bernhard und Charlotte kam lediglich von Seiten der Kaiserin Augusta, die im Gegensatz zu der übrigen Verwandtschaft, die Ehe ihrer Enkelin zutiefst missbilligte. Hatte doch Bernhards Vater, der zweimal verwitwete Herzog Georg II. von Sachsen-Meiningen, 1873 in dritter Ehe die Schauspielerin Ellen Franz, spätere Freifrau von Heldburg, geheiratet. Augusta zog sich daraufhin in den „Schmollwinkel" zurück und ließ alle unter ihren Launen leiden.[21]

Viktoria nahm an dem ermüdenden, über sechs Stunden dauernden Hochzeitszeremoniell ihrer Schwester lebhaften Anteil. Die Wirkungen solcher Zeremonien seien sehr gut und fesselnd, befand die sechzehnjährige Prinzessin. Kurze Zeit vorher hatte sie an ihrem ersten Ball teilgenommen. Noch nach Jahrzehnten erinnerte sie sich an jedes Detail ihres ersten Ballkleides: „Es war aus rosa Tüll mit apfelgrünem Besatz und sah sehr reizend aus....Ich genoß die Freude dieses Balles aufs beste – wie schön lag das Leben vor mir!"[22] Auch diese Erwartung sollte sich nicht erfüllen.

Ein Stein des Anstoßes

Hochzeiten am Hohenzollernhof schienen unter keinem glücklichen Stern zu stehen. Wenige Monate nach Charlottes Hochzeit hatte Kaiserin Augusta erneut Grund zur Aufregung, diesmal allerdings mit größerer verwandtschaftlicher Unterstützung.

Prinz Wilhelm hatte sich verliebt und wollte ebenfalls so schnell wie möglich heiraten. Eine Mesalliance bahnte sich nach Einschätzung weiter Hofkreise an! Die Auserwählte, Auguste Viktoria Prinzessin zu Schleswig-Holstein-Sonderburg-Augustenburg, war die Enkelin Herzog Christians von Schleswig-Holstein, der als Folge zweier deutsch-dänischer Kriege auf sein Herzogtum verzichten musste. Er und sein Sohn Friedrich, der Vater Auguste Viktorias, verließen ihr Stammland und fanden in Preußen eine neue Heimat. 1853 erwarb die Familie das Rittergut Primkenau in Schlesien. Auguste Viktoria, im Familienkreise Dona genannt, entstammte also keinem regierenden Hause und galt dadurch nicht als „ebenbürtig". Erschwerend kamen noch zwei weitere Faktoren hinzu: Donas Großmutter väterlicherseits war „nur" eine Gräfin Daneskjold-Samsoe und – fast noch schlimmer – eine Tante Donas, Henriette Prinzessin zu Schleswig-Holstein-Sonderburg-Augustenburg, hatte 1872 den Ordinarius für Chirurgie an der Universität Kiel Johannes Friedrich August Esmarch geheiratet. Ein Bürgerlicher als Onkel der zukünftigen Kaiserin, eine Vorstellung, die für viele bei Hofe nur schwer zu ertragen war. Wilhelms Schwester Charlotte, stets bereit einen aufflammenden Familienzwist zu schüren, nahm bereits unnötig große Enttäuschungen in der Bevölkerung ob dieser glanzlosen Partie wahr. Man wisse von Wilhelms Absichten, teilte sie ihrem Vater unverzüglich mit, und rümpfe gewaltig die Nase.[23]

Nach langem Zögern stimmten das Kaiserpaar und auch Kanzler Bismarck der Heirat zu. Man witterte – wie häufig – „eine englische Intrige" hinter dieser ganzen Angelegenheit. Vielleicht nicht zu unrecht, denn vieles spricht dafür, dass diese Verbindung nicht ganz so spontan zustande gekommen war, wie es nach außen hin scheinen mochte. Kronprinzessin Victoria hatte schon früh begonnen, nach einer geeigneten Gemahlin für Wilhelm Ausschau zu halten. Die Kriterien für die Auswahl waren nicht sehr hoch angesetzt und in erster Linie so beschaffen, dass die Suche auf eine der beiden älteren Holstein-Prinzessinnen hinauslief. In einem „Mémoire" des Kronprinzenpaares vom 30. April

1879 werden die infrage kommenden Prinzessinnen „bewertet". Auf die königlichen Häuser wie England, dessen Prinzessinnen zu jung waren oder Schweden und Dänemark, die nur über Prinzen verfügten, konnte man nicht zurückgreifen, katholische Häuser wie Sachsen oder Österreich schieden grundsätzlich aus, es blieben also nur die fürstlichen Häuser übrig und auch da war die Wahl schwierig. Einige der Prinzessinnen waren nicht hübsch genug, andere beschränkt oder zu zart und kränklich oder zu jung und geistig wenig entwickelt; es blieb also, so das Fazit, nur das Haus Augustenburg.

Es war trotz allem eine glanzvolle Hochzeit, die am 27. Februar 1881 in Berlin stattfand. „Wir freuten uns sehr und glaubten, dass das Paar ausgezeichnet zueinander passe", lautete Morettas Kommentar.[24] Noch größer war der Jubel als pünktlich ein Jahr später am 6. Mai 1882 Prinz Wilhelm geboren wurde und damit der Fortbestand der Dynastie gesichert zu sein schien.

„Wenn hinten, weit, in der Türkei,
die Völker aufeinanderschlagen"[25]

Das 1866 mühsam austarierte Gleichgewicht der europäischen Großmächte wurde durch Unruhen auf dem Balkan erheblich ins Wanken gebracht. Nach Aufständen der christlichen Balkanvölker, besonders der Rumänen, Bulgaren, Griechen, Montenegriner, Serben und Kroaten gegen die türkische Oberhoheit, rechnete man mit dem Zusammenbruch des osmanischen Reiches und versuchte Interessensphären abzustecken. Nach wechselnden und teilweise wieder gebrochenen Absprachen der um ihren Einfluß ringenden Mächte Russland, England und Österreich einigte man sich einer Initiative Österreichs folgend auf die Einberufung eines Kongresses zur grundsätzlichen Beilegung der „orientalischen Frage". Da Deutschland zu dieser Zeit keine vordringlichen eigenen Ziele auf dem Balkan verfolgte, hatte sich Bismarck nach anfänglichem Zögern als „ehrlicher Makler" angeboten und die

Teilnehmer für den 13. Juni 1878 zum „Berliner Kongreß" in die deutsche Hauptstadt eingeladen.

Das Ergebnis dieser vierwöchigen Tagung war ein „erstaunliches Kunstwerk".[26] Jede der beteiligten Mächte sah für sich Vorteile. Rumänien, Serbien, Montenegro wurden zu selbständigen Staaten. Entscheidende Bedeutung hatte für den Kongreß die Lösung der bulgarischen Frage. Die britische Hauptsorge, die Übergröße des von Russland beanspruchten Protektorats über Bulgarien gefährde die Sicherheit Großbritanniens, war durch die Teilung dieses Gebietes zunächst entschärft worden; die Dauerhaftigkeit einer solchen Lösung wurde jedoch bezweifelt. Der nördliche Teil des bulgarischen Territoriums erhielt den Status eines Russland gegenüber tributpflichtigen „Fürstentums Bulgarien", jedoch ohne Zugang zum Mittelmeer, um den britischen Interessen gerecht zu werden. Der südliche Teil wurde zu einer mit einigen Autonomierechten versehenen türkischen Provinz Ostrumelien umgeschaffen. Die Trennungslinie zwischen beiden Teilstücken verlief entlang des Schipkapasses. Am 29. April 1879 wurde der zur preußischen Garde du Corps gehörende zweiundzwanzigjährige Alexander von Battenberg, ein Neffe der Gemahlin des russischen Kaisers Alexanders II., einer geborenen Prinzessin von Hessen-Darmstadt, auf russischen Vorschlag von der bulgarischen Nationalversammlung zum Fürsten von Bulgarien gewählt. Er besaß jedoch keinerlei eigene Machtbefugnis, sondern unterstand in allen Regierungsgeschäften den Weisungen Russlands.

Auch die äußeren Lebensumstände seines neuen Wirkungskreises waren für den jungen Fürsten fremd und enttäuschend. Stadt und Land befanden sich im Vergleich zu anderen europäischen Staaten auf einer ungewohnt niedrigen Entwicklungsstufe. Der dem Fürsten zugewiesene „Palast" in Sofia bestand aus einem großen nur notdürftig hergerichteten einstöckigen Gebäude. Die Zimmer waren durch Lehmwände voneinander getrennt. Dach und Decke ließen Feuchtigkeit durch, so dass nicht nur der Verputz abbröckelte, sondern eines Tages die Decken in drei Zimmern mit einem Schlage einstürzten. Nach der Ankunft Alexanders von Battenberg errichtete man deshalb über seinem Bett ein Holzgestell, um ihn vor Verletzungen durch eventuell herabfallendes Mauerwerk zu schützen.[27]

Trost und Zuspruch fand Alexander in seiner schwierigen Lage bei dem benachbarten rumänischen Fürstenpaar, dem späteren König Carol I. aus dem Hause Hohenzollern-Sigmaringen und dessen Frau Elisabeth, einer geborenen Prinzessin zu Wied, die als Schriftstellerin „Carmen Sylva" eine gewisse Popularität erlangt hatte. Beide rieten ihm, bald eine Lebensgefährtin zu suchen, die Freuden und Sorgen, Mühe und Arbeit mit ihm teilen könne. Fürstin Elisabeth hatte auch schon nach geeigneten Kandidatinnen Ausschau gehalten, eine mecklenburgische Prinzessin, auch eine russische Großfürstin waren darunter, aber alle Verbindungen wurden bald wieder abgebrochen oder kamen gar nicht erst zustande. Der bulgarische Fürstenthron versprach zu dieser Zeit weder Rang noch gesellschaftlichen Glanz.

Die Battenbergs

Prinz Alexander von Battenberg wurde am 5. April 1857 als zweiter von vier Söhnen des Prinzen Alexander von Hessen in Verona geboren. Er entstammte wie auch seine Geschwister einer sogenannten morganatischen Ehe seines Vaters mit der Gräfin Julie von Haucke, die nach ihrer Vermählung 1851 den hessischen Titel einer Gräfin, ab 1858 einer Prinzessin von Battenberg erhielt. Die Kinder aus dieser nicht den Standesregeln entsprechenden Ehe mussten den Namen der Mutter führen. Hergeleitet wurde der neu verliehene Titel von einem längst ausgestorbenen Geschlecht, an das nur noch der kleine hessische Ort „Battenberg" am Fuße des Rothaargebirges erinnert.

Die Battenbergs galten auch am Berliner Hof als nicht ebenbürtig, was zu erheblichen Verwicklungen führen sollte. Die Familie Haucke stammte aus dem Elsaß. Der Großvater Julies hatte es zum Kammerdiener des Grafen Moritz Brühl in Sachsen gebracht und dort eine Kammerjungfer der Gräfin Brühl geheiratet, ein Fräulein Salome Schweppenhäuser aus Sesenheim. Der Sohn aus dieser Ehe machte eine militärische Karriere und avancierte nach Errichtung des unter russischer Vorherrschaft stehenden Königreichs Polen schließlich zum polnischen Kriegsminister. 1829 erhielt er den russischen Grafentitel, obwohl oder gerade weil er n i c h t Pole war. Graf Haucke heiratete ein Fräulein de Lafontaine, Tochter eines französischen Zuckerwerkbesitzers. Deren gemeinsame Tochter Julie heiratete den Prinzen Alexander von Hessen. Sie wurde die Mutter der Battenberg-Prinzen, die aus verschiedenen Gründen für Aufmerksamkeit sorgen sollten.

Zu einem ersten Eklat kam es, als der Älteste, Ludwig (auch Louis genannt), 1884 seine Cousine Viktoria, Tochter des regierenden Großherzogs von Hessen-Darmstadt, heiratete. Ihre Mutter war eine Tochter der englischen Königin Viktoria und damit auch eine Cousine der preußischen Kronprinzenkinder. Wilhelm, Morettas ältester Bruder, war außer sich vor Empörung über diese nicht standesgemäße Ehe. In seinen Augen waren die Battenbergs nichts als „verdammte Pollacken"[28]. Aber es sollte noch schlimmer kommen. Während der Hochzeitsfeierlichkeiten in Darmstadt hatte sich eine weitere Verbindung angebahnt. Im darauf folgenden Jahr, im Juli 1885, vermählte sich auf der Insel Wight die jüngste Tochter der englischen Königin, Beatrice, mit dem dritten der Battenberg-Brüder Heinrich, genannt Liko. Diese ebenfalls unebenbürtige Ehe spaltete die Hohenzollern in zwei feindliche Lager. Zustimmend verhielten sich die Kronprinzessin und ihre vier Töchter, bittere Ablehnung kam von Seiten Kaiser Wilhelms I., der Kaiserin Augusta und natürlich auch von Prinz Wilhelm. Die Querelen um seine eigene Hochzeit schienen in Vergessenheit geraten zu sein. Als peinlich empfand man die Verbindung mit dem „Enkel eines Kammerdieners", als grobe Verletzung der Standesehre! Ein kleiner deutscher Prinz von sehr zweifelhaftem Herkommen als Schwager des zukünftigen deutschen Kaisers, unvorstellbar! Der Kronprinz, anfangs in der Beurteilung dieser Vorgänge schwankend, hatte sich schließlich, wenn auch zögernd, auf die Seite seiner Gemahlin gestellt und die umstrittene Verbindung gebilligt.

Sandro

Die Beziehungen zwischen den Höfen in London und Berlin waren durch die beiden Eheschließungen bereits empfindlich belastet, als ein drittes Heiratsprojekt bekannt wurde, das die beiden ersten an Sprengkraft weit zu übertreffen drohte. Während der bislang ergebnislosen Suche nach einer geeigneten Gemahlin hatte Alexander von Battenberg eine vorsichtige Andeutung von Seiten seiner hessischen Verwandtschaft erhalten. Danach schienen die Chancen, sich um die Hand der zweiten Tochter des preußischen Kronprinzen, Viktoria, zu bemühen, nicht aussichtslos zu sein. Alexander hatte 1882 bei einem seiner Berliner Besuche die damals sechzehnjährige Prinzessin flüchtig kennen gelernt, sie schien ihm aber noch zu sehr Kind zu sein, um als künftige Ehefrau in betracht zu kommen. Viktoria ihrerseits bewunderte den gut aussehenden jungen Mann, der schon auf früheren Berliner Hofbällen in der weißen Uniform der Garde du Corps ihr besonderes Interesse erregt hatte. Der aufmerksamen Beobachtung der Kronprinzessin war diese Zuneigung nicht entgangen, sie überlegte bereits, welche Schritte für eine eventuelle Eheschließung mit Sandro, wie Alexander von Battenberg im Familienkreise genannt wurde, einzuleiten wären.

Kronprinz Friedrich Wilhelm, Morettas Vater, stand diesen Planungen eher nüchtern gegenüber. Er hegte erhebliche Zweifel an der Ernsthaftigkeit solcher pubertären Gefühle. „Ein anderer hat ja überhaupt niemals Schritte getan, um sich Moretta zu nähern," schrieb er am 25. August 1883 an seine Gemahlin, „noch direkt oder indirekt um ihre Hand zu bitten, obgleich sie mit allen erwachsenen Prinzen schon zusammengekommen ist."

Gleichzeitig tröstete er die besorgte Mutter: „Mach Dir nur keine schweren Gedanken, Morettas Schwärmerei ist doch im Grunde genommen sehr natürlich, entweder sie wird davon geheilt und jemand anders hält um sie an – den sie nehmen mag ... oder in einem oder zwei Jahren stehen vielleicht alle Kombinationsmöglichkeiten anders."[29] Moretta war zu diesem Zeitpunkt siebzehn Jahre alt. Die tatsächliche Entwicklung nahm einen etwas anderen Verlauf. Entscheidender Anlaß war wiederum die Darmstädter Hochzeit. „Am 30. April 1884 [Viktoria war gerade achtzehn Jahre alt geworden] wohnte ich in Darmstadt...der Hochzeit meiner Cousine... bei," schreibt sie in ihren Lebenserinnerungen, „dort traf ich einen Mann, dem ich schon begegnet war; er sollte später die größte Rolle in meinem Leben spielen: Fürst Alexander von Bulgarien, den Bruder Ludwigs und Heinrichs von Battenberg."[30]

Machtspiele

Zunächst begann für Viktoria jedoch ein Abschnitt ihres Lebens, an den sie sich auch viele Jahre später „nur mit Schmerzen" erinnern konnte. Sie selbst, die sich nie für Politik interessiert hatte, wurde zum Mittelpunkt einer großen politischen Affäre, die nicht nur zu unüberbrückbaren Spannungen innerhalb der Familie führte, sondern auch das europäische Mächtesystem zu beeinträchtigen drohte. Rückblickend erkannte sie voller Bitterkeit: „...wie ich denen nur als Spielball diente, die alle Fäden in den Händen hielten."[31] Viktoria meinte hier wohl in erster Linie Bismarck und das Kaiserpaar, aber auch ihre Mutter verfolgte ehrgeizige Pläne. Sie sah in der Heirat ihrer Tochter mit Alexander von Bulgarien eine Chance, die Mächte West- und Mitteleuropas gegen Russland zu einigen. Ihre Ziele gingen aber noch weit darüber hinaus. Fast missionarisch mutet ihre Vorstellung an, ihre drei jüngsten Töchter könnten durch eheliche Verbindungen über Bulgarien, Rumänien und Griechenland herrschen. Und dabei waren es nicht nur machtpolitische Aspekte, die die Kronprinzessin bei solchen Überlegungen antrieben, sondern auch Fragen von Zivilisation und Religion. „In der schönen Aufgabe den Orient der Civilisation zuzuführen", schrieb sie im August 1885 an ihren Gemahl, „finde ich kann Deutschland Ersprießliches leisten, … An und für sich kann ich es einer deutschen Prinzessin durchaus nicht unwürdig finden, dort Souveränin zu sein."[32] Und einen Monat später ging sie noch weiter in ihren Zukunftsvisionen: „Drei Deutsche protestantische Prinzessinnen hätten dort keine schlechte Aufgabe, – und Deutschland gewänne einen bestimmenden Einfluß!"[33]

Entschlossener Widerstand gegen die geplante Heirat kam wieder einmal von Seiten des Kaiserpaares. Vor allem Kaiserin Augusta sah sich im Sinne der Monarchie verpflichtet, die Ehe ihrer Enkelin mit dem „Battenberger" zu verhindern. Ihrer Überzeugung nach könne man der fortschreitenden Demokratisierung der Welt nur dadurch Einhalt gebieten, dass gerade die monarchischen Häuser am Prinzip der Legitimität festhielten. In diesem Sinne müsse eine Verbindung von Mitgliedern alter Fürstenhäuser mit Nachkommen morganatischer Ehen auf jeden Fall verhindert werden. Der Kaiser war ebenfalls strikt gegen eine Heirat mit diesem „Eindringling". Niemals werde er seine Einwilligung zu dieser Heirat geben, erklärte er unmittelbar nachdem sich die ersten Anzeichen einer Verlobung im Frühjahr 1884 verdichteten.

Ein weiteres Bollwerk gegen das Battenberger Heiratsprojekt baute Reichskanzler Bismarck auf. Er werde zurücktreten, falls der Heiratsplan nicht aufgegeben werde, drohte er in aller Öffentlichkeit. Die guten Beziehungen zu Russland und die politischen Interessen des Reichs könnten nicht „an den Unterröcken einer Prinzeß" festgemacht werden. Er witterte in der bulgarischen Heirat eine Intrige der englischen Politik, um auf diese Weise Preußen auf einen anti-russischen Kurs festzulegen. Auch Kaiserenkel Wilhelm, Viktorias ältester Bruder, war entschieden gegen die Heirat. Ursachen dieser Haltung lagen bei ihm wohl eher im emotionalen Bereich, vor allem in den sich ständig steigernden

Ressentiments gegen England, die Heimat seiner Mutter. „Wenn alles reißt", erklärte er in seiner zuweilen recht derben Art, „schlage ich den Battenberger tot!"[34]

„Was es heißt, königliche Prinzessin zu sein."

Wann die „inoffizielle" Verlobung stattgefunden hat, ist nicht genau festzustellen. Folgt man Viktorias Memoiren, hat sich die Angelegenheit so zugetragen: „1888 entstand während eines Besuches des jungen Prinzen Alexander in Berlin eine große Zuneigung zwischen uns; daraufhin verlobten wir uns mit voller Einwilligung unserer Eltern."[35] Andere Quellen gehen von einem wesentlich früheren Datum aus. Fest steht, dass die ersten ernsthafteren Kontakte zwischen Viktoria und Sandro auf das Jahr 1883 zu datieren sind. Viktoria war damals siebzehn, Sandro sechsundzwanzig Jahre alt. Corti berichtet von einer geheimen Verlobung der beiden jungen Leute anlässlich des Berlin-Besuches Alexanders im Frühjahr 1883.[36] Allerdings waren zu diesem Zeitpunkt die Beziehungen zwischen dem Kronprinzenpaar und Bismarck derart gespannt, dass man es vorerst nicht wagte, mit diesem Ereignis an die Öffentlichkeit zu treten. In Bulgarien rätselte man ebenfalls über den Stand des von der Mehrheit befürworteten Heiratsprojektes. Einige Abgeordnete der Nationalversammlung wollten einen goldenen Armreif bemerkt haben, den Fürst Alexander seit seinem letzten Aufenthalt in Berlin trug und schöpften daraus Hoffnung auf den Fortbestand der jungen Dynastie.[37] Auch wenn man den Nachforschungen Röhls folgt,[38] betrachteten sich Viktoria und Sandro seit dem Frühjahr 1883 als heimlich verlobt. Alexander Battenberg führte demnach eine indirekte Geheimkorrespondenz mit der englischen Königin Victoria, um auszuloten, ob diese seiner Heirat mit ihrer Enkelin zustimmen werde. Königin Victoria war von dieser Vorstellung sehr angetan, riet aber in der augenblicklichen Situation zum Abwarten. Sowohl die englische Königin wie auch ihre Tochter, die preußische

Kronprinzessin, glaubten, die Schwierigkeiten in ein bis zwei Jahren überwinden zu können. Die nun einsetzenden Querelen um Verlobung und Hochzeit zogen sich jedoch ungewöhnlich lange hin. Moretta schwankte zwischen Niedergeschlagenheit und immer wieder aufkeimender Hoffnung. Sie konnte und wollte nicht glauben, dass es für ihr persönliches Glück keine Zukunft geben sollte. Ihre Mutter machte sich deswegen große Sorgen um ihre Tochter, befürchtete sogar Selbstmordgedanken.[39]

Einen ersten Wendepunkt brachte das Jahr 1886. Fürst Alexander hatte bereits kurz nach seiner Thronbesteigung versucht, Bulgarien aus der russischen Umklammerung zu lösen und einen gemäßigt liberalen Kurs einzuschlagen. Er stieß dabei auf erbitterten Widerstand des seit 1881 in autokratischer Weise regierenden russischen Kaisers Alexander III. Nach dramatischen Zwischenfällen wurde Sandro am 7.September 1886 zur Abdankung gezwungen. Neue Hoffnungen wurden geweckt! Vor allem die Kronprinzessin setzte darauf, dass nun mit dem Sturz Battenbergs die Bedenken gegen eine Heirat zwischen Sandro und ihrem „Möhrchen" gegenstandslos werden würden. Sie machte bereits Pläne für ihren Schwiegersohn: Eine glänzende Karriere in Deutschland müsse er machen, so könne er zum Beispiel das Kommando des Regiments Gardes du Corps erhalten. Sie bedrängte ihren Gemahl, sich gegen seine Eltern durchzusetzen. Zusammen mit ihrer Tochter, dem „armen Möhrlein", träumte sie davon, dass sich im Herbst alles arrangieren ließe und die Hochzeit am 25.Januar 1887, dem 29. Hochzeitstage des Kronprinzenpaares, stattfinden könne. Kronprinz Friedrich Wilhelm riet zu Vorsicht und behutsamem Vorgehen, räumte gleichzeitig aber auch ein, dass selbst für ihn die Abstammung Battenbergs ein „schwer zu überwindender Stein des Anstoßes" sei.[40] Alle Erwägungen scheiterten jedoch wiederum an dem unbeirrbaren Widerstand des Kaisers, Bismarcks und des Prinzen Wilhelm. Viktoria sah sich immer mehr als Opfer politischer Ränkespiele: „Mein Vater war aufrichtig betrübt; er wünschte mich glücklich zu sehen, und wurde zwischen den Gefühlen der Loyalität gegen seinen Vater und seiner natürlichen Freude an der Verlobung hin und her gerissen. Damals lernte ich verstehen, was es heißt, königliche Prinzessin zu sein."[41] Das Gefühl, dass ihr Schicksal und ihr erhofftes persönliches Glück, den „erbarmungslosen Händen der Staatsmänner" überantwortet worden sei, ließ sie zeitlebens nicht mehr los. Schwermütige Erinnerungen werden noch Jahre später wieder wach, als ihr die Großmutter einen Memoirenband Heinrichs von Battenberg [Liko] zukommen lässt. „Sie rufen mir so vieles aus der Vergangenheit zurück...O, wie traurig ist doch alles!"[42]

4. Kapitel
Die Schwester des Kaisers

Regierungswechsel

Am 9. März 1888 starb Kaiser Wilhelm I. im Alter von einundneunzig Jahren. Sein Sohn, Kronprinz Friedrich Wilhelm, bestieg als Kaiser Friedrich III. den Thron. Der neue Kaiser war sechsundfünfzig Jahre alt und bereits seit über einem Jahr von einer unheilbaren Krankheit gezeichnet. Die Nachricht vom Tode seines Vaters hatte ihn in San Remo erreicht, wo er und seine Gemahlin auf Linderung seines Leidens hofften. Die hinzugezogenen deutschen und englischen Ärzte hatten übereinstimmend Kehlkopfkrebs in einem fortgeschrittenen Stadium diagnostiziert, unterschiedliche Meinungen gab es indes über die aussichtsreichere Behandlungsmethode. Zum Zeitpunkt seiner Thronbesteigung konnte sich Friedrich III. nur noch schriftlich verständigen, stellte sich aber unbeirrt seinen neuen Verpflichtungen.

In manchen Kreisen wurde die Thronbesteigung des Kaisers Friedrich als ein Ende der Macht Bismarcks angesehen. Die Diskrepanz zwischen den Ansichten des nunmehrigen Kaiserpaares und den Überzeugungen Bismarcks waren nur allzu bekannt. Man erwartete, dass der neue Kaiser eine Persönlichkeit mit liberaleren Ideen in das Amt des Reichskanzlers berufen werde. Zur großen Überraschung hielt Kaiser Friedrich jedoch an Bismarck fest und bat ihn bereits am 12. März 1888 sein Amt weiter zu verwalten. Das Verhältnis zwischen Kaiserpaar und Reichskanzler schien sich zu entspannen. Nur in einem Punkt war keine Einigung zu erzielen, der Zukunft Viktorias. Die Eltern begünstigten immer noch eine „Liebesheirat" mit Alexander von Battenberg. Vor allem die Mutter hoffte, dass nach dem Rücktritt Sandros vom bulgarischen Thron die größten Hindernisse aus dem Weg geräumt seien. Aber auch aus einem handschriftlichen Vermerk Kaiser

Friedrich III. vom 2. April 1888 ergibt sich eine grundsätzliche Zustimmung, wobei er zwischen seinen Argumenten als Vater und solchen als Kaiser unterscheidet: „Die jahrelange standhafte Ausdauer Vicky's in ihrer Entschlossenheit, nur den unebenbürtigen Fürsten A.P.v.B. [Alexander Prinz von Battenberg] zu heiraten oder keinen, rührt mich sehr, und veranlasst mich die Verehelichungs Frage nicht zu verweigern. Ich werde mir vom Leibe absparen, was ich kann, ... damit das junge Paar nicht darbt. Er hat nichts, und des Kaisers Tochter darf nicht sich alles versagen... Ich will dem Paar auch eine Wohnung einrichten lassen...", so die väterliche Sichtweise. Der zweite Teil dieses Vermerks ist vorsichtiger gehalten und bezieht politische Erwägungen mit ein: „ Seitdem ich den Thron bestiegen, bin ich Wahrer des Friedens... und da der Zar aber einen besonderen Groll auf S. [Sandro] hegt, so muß im gegenwärtigen Augenblick alles vermieden werden, wie eine Verstimmung, die zum Kriege leicht führt. Geduld ist also für den Augenblick noch geboten..."[43] Am 7. April verbreitete jedoch die Nachrichtenagentur Reuter die Meldung über die Verlobung der Prinzessin Viktoria mit Alexander von Battenberg.[44] Bismarck war außer sich. Er erklärte, dies sei ein verbrecherischer Anschlag der Kaiserin, um einen Keil zwischen Deutschland und Russland zu treiben. Kronprinz Wilhelm unterstützte ihn nach Kräften. Wieder blieb das Heiratsprojekt in der Schwebe.

Am 15. Juni 1888 erlag Kaiser Friedrich III. seinem schweren Leiden. Ihm folgte Kronprinz Wilhelm als Kaiser Wilhelm II. Einer der Wünsche seines sterbenden Vaters war gewesen, dass Wilhelm der Hochzeit seiner Schwester Viktoria mit dem Prinzen Alexander keine Hindernisse in den Weg legen solle. In einem vom 12. April datierten Brief an seinen Sohn Wilhelm, einer Art Vermächtnis, hatte der Vater geschrieben: „Für den Fall, dass ich... aus dieser Zeitlichkeit abberufen würde, will ich als meine ausdrückliche Willensmeinung erklärt haben, dass ich mit der Vermählung Deiner zweiten Schwester mit... Prinz Alexander von Battenberg mich einverstanden erkläre. Ich lege es Dir als Kindespflicht auf, diesen meinen Wunsch, den Deine Schwester

Viktoria seit so vielen Jahren im Herzen trägt, auszuführen... Ich rechne darauf, dass Du Deine Pflicht als Sohn erfüllst, indem Du meinen Wunsch genau achtest und als Bruder Deiner Schwester Deine Hilfe nicht entziehst."⁴⁵ Wilhelm setzte sich über diesen letzten Willen seines Vaters kühl hinweg und löste kurz nach seiner Regierungsübernahme im Einverständnis mit Bismarck die „Verlobung". In einem Erklärungsbrief an den Prinzen Alexander bezog er sich dabei auf den „bisher von meinem hochseligen Herrn Großvater... innegehabten Standpunkt".⁴⁶

Am 6. November 1888 trug Viktoria ihrem kaiserlichen Bruder erneut den Wunsch vor, den Prinzen Battenberg endlich heiraten zu dürfen. Ihr Ansinnen wurde von Wilhelm unmissverständlich zurückgewiesen. Seine Mutter schrieb ihm daraufhin einen bitterbösen Brief, in dem sie jede Beziehung zu ihm abbrach. „Du hast Dich, unter ganz und gar herzloser Missachtung der Gefühle Deiner Schwester, und genau entgegengesetzt zum Willen Deiner Eltern, geweigert, Deine Einwilligung zu ihrer Vermählung mit Pr. Alexander (von Battenberg) zu geben – einem Prinzen, dessen Tapferkeit nur Bewunderung hervorrufen kann... weil Du es Dir eingeredet hast, dass solch eine Heirat eine Mesalliance wäre...Du hast gezeigt, dass das Glück Deiner Schwester Dir völlig gleichgültig ist."⁴⁷

Ein Bräutigam im Wartestand

Der „Bräutigam im Wartestand" war indes nach seiner erzwungenen Abdankung wieder in seine Heimat nach Darmstadt zurückgekehrt. Obwohl von seiner Familie herzlich willkommen geheißen, befand er sich in düsterer Stimmung. Er sah keinen Sinn mehr darin, das aussichtslose Werben um seine heimliche Braut fortzusetzen. Vieles deutet darauf hin, dass die große Liebe auf seiner Seite von Anfang an etwas verhaltener war als in den schwärmerischen Vorstellungen Viktorias. In einem vertraulichen Gespräch mit dem aus Darmstadt gebürtigen österreichischen

Gesandten Ludwig Maximilian Freiherr von Biegeleben klagte er im Februar 1885 über die Hindernisse, die seinen verschiedenen Vermählungsabsichten aufgrund der politischen Lage entgegenstanden: „...Als Privatmensch wären glänzendere Partien für mich möglich gewesen, als in meiner jetzigen Stellung auf dem unsicheren, halbsouveränen Throne eines entlegenen, unwirtlich halb zivilisierten Landes. Ich hätte seinerzeit selbst einmal Aussicht auf Verlobung mit meiner Jugendfreundin, Prinzessin Beatrice von England gehabt, wenn nicht die Entlegenheit Bulgariens, die Anhänglichkeit der Prinzessin an ihre Heimat....unübersteigliche Hindernisse gebildet hätten." Ähnlich sei es ihm mit der Prinzessin Hilda von Nassau und seiner Kusine Therese, der Tochter des Großherzogs von Hessen ergangen. „Sie werden, mein lieber Freiherr", äußerte Alexander im weiteren Verlauf des Gesprächs, „gewiß auch in der Presse gelesen haben, dass ich um die Prinzessin Viktoria von Preußen angehalten hätte. Das habe ich aber nicht getan und mich überhaupt nie als Bewerber um ihre Hand geriert, sondern die Anregung dazu ist von der deutschen Kronprinzessin ausgegangen, nachdem wir uns allerdings voriges Jahr in Darmstadt [1884 bei der Hochzeit seines Bruders Louis mit Viktoria von Hessen] sehr gefallen haben. Das ist aber an der versagten Genehmigung des Kaisers Wilhelm [I.] gescheitert."[48]

Allmählich hellte sich das Schicksal für Alexander wieder auf. 1887 hatte er die aus Graz stammende Sängerin Johanna Loisinger während ihres Engagements am Darmstädter Hofopernthater kennen gelernt. Beide hatten eine tiefe Zuneigung zueinander gefasst, die sie aber zunächst vor der Öffentlichkeit so weit wie möglich geheim hielten. Alexander legte mit Zustimmung des Großherzogs von Hessen den Namen Battenberg ab und führte fortan den Titel eines Grafen Hartenau. Am 6. Februar 1889 wurden Graf Hartenau und Johanna Loisinger ohne jegliches Aufsehen nur im Beisein von zwei Zeugen in Menton an der französischen Riviera getraut. Lange konnte das Geheimnis jedoch nicht gewahrt bleiben. Nachdem bereits mehrere Zeitungen darüber berichtet hatten, sah sich der Großherzog von Hessen veranlasst, die Nachricht von der Eheschließung in das amtliche Regierungsblatt einrücken zu lassen.

Für Viktoria, das arme „Möhrlein", erlosch damit der letzte Hoffnungsschimmer auf ein gemeinsames Glück. „Meine Verlobung wurde gelöst, als ich zweiundzwanzig Jahre alt war; – jahrelang hatte sich alles nur um sie gedreht. Nun musste ich ein ganz neues Leben beginnen und durfte nicht mehr rückwärts blicken," so ihr bitteres Fazit.[49]

Wohnungssuche

Kaiserin Friedrich, wie sich die Witwe Friedrichs III. von nun an nannte, zog sich nach dem Tode ihres Gemahls mit ihren drei jüngeren Töchtern Viktoria, zweiundzwanzig Jahre, Sophie, achtzehn Jahre und der sechzehnjährigen Margarethe nach „Schloß Friedrichskron" zurück. Diesen Namen hatte Friedrich III. für das „Neue Palais" in Potsdam, seinen bevorzugten Wohnsitz, während seiner neunundneunzig Tage während Regierungszeit gewählt. Der neue Kaiser Wilhelm II. beanspruchte jedoch das Palais, das seinen früheren Namen wiedererhielt, für sich und seine Familie. „Es ist schrecklich, Friedrichskron verlassen zu müssen!" klagte die verwitwete Kaiserin in einem Brief an ihre Mutter, „...aber ich kann mich nicht losreißen von dem, was unser Haus dreißig Jahre lang gewesen ist, ohne bittersten Schmerz."[50] Die Suche nach einer neuen Bleibe gestaltete sich schwierig. Auch die Villa Liegnitz im Park von Sanssouci, die vorübergehend bezogen werden konnte, musste aufgegeben werden, da sie für einen von Wilhelms Kammerherren gebraucht wurde. Bittere Enttäuschung über ihren Sohn spricht aus einem weiteren Brief: „Nun besitze ich in Potsdam nichts mehr, außer meinem kleinen Bornstedt,[51] d.h. ein paar kleine Zimmer dort. Ich kann im Stadtschloß zu Potsdam übernachten, muß aber jedes Mal um die Erlaubnis fragen, was ich natürlich vermeiden will."[52] Die Kaiserinwitwe sehnte sich aber nach etwas anderem, „einem Schlupfwinkel, der mir gehört, etwas, das mich beschäftigen und für das ich sorgen kann..., denn jede andere Beschäftigung ist dahin.."[53]

Nach verschiedenen weiteren Überlegungen nahm die Kaiserin Friedrich das Angebot ihres Sohnes an, mit den drei noch unverheirateten Töchtern nach Bad Homburg zu übersiedeln. Bereits als Kronprinzessin war sie mit ihrer Familie häufig im dortigen Schloß zu Gast gewesen und verband mit diesen Aufenthalten angenehme Erinnerungen. „Aber natürlich konnte es uns das alte Heim in Friedrichskron nicht ersetzen," hält Viktoria in ihren Memoiren fest und fügt etwas wehmütig hinzu: „Wir lebten in Homburg zurückgezogen; die Regelmäßigkeit unseres Daseins wurde nur durch die immer willkommenen Besuche von Freunden und Verwandten unterbrochen."[54] Die Familie bewohnte den englischen Flügel des Schlosses, den die Großtante der Kaiserin, die englische Prinzessin und spätere Landgräfin Elizabeth von Hessen-Homburg für sich eingerichtet hatte. Elizabeth hatte sich seinerzeit auch für bessere hygienische Bedingungen eingesetzt und das englische water closet in Homburg eingeführt. Königin Victoria hatte ihrer Tochter nach deren Eheschließung anempfohlen, sich auch in Berlin für derartige Verbesserungen einzusetzen.

Das Landhaus

Die Suche nach einer geeigneten Residenz für sich und ihre drei unverheirateten Töchter Viktoria, Sophie und Margarethe, gestaltete sich aufgrund der angespannten finanziellen Situation der Kaiserinwitwe zunächst als überaus schwierig. Doch dann wendete sich die Lage plötzlich zum Guten. Eine langjährige Freundin aus Paris, die Herzogin von Galliera, hatte Victoria zur Erbin eingesetzt und ihr ein Vermögen in Höhe von fünf Millionen Franc hinterlassen. Damit stand der Kaiserin Friedrich nun eine ausreichende Summe für ihr Bauvorhaben zur Verfügung. Bereits im September 1888 erwarb sie die Villa des Bankiers Reiß in Kronberg im Taunus und ließ sie umgehend zugunsten eines Neubaus abreißen. Auf einer Fläche von knapp einem Quadratkilometer wollte sie sich hier ein neues Heim schaffen. Es sollte nach ihren Wünschen nicht als Schloß, sondern im Stile eines englischen Landhauses mit Turm wie im elterlichen Balmoral, errichtet werden, umgeben von einem großen Park mit altem Baumbestand. Der Landsitz „Friedrichshof" wurde für Tochter Viktoria zum Sinnbild der Vollkommenheit, „nichts auf der Welt ist damit vergleichbar!"[55]

Heute ist Friedrichshof zum „Schlosshotel Kronberg" aus- und umgebaut worden, aber noch immer erinnert seine Stilmischung aus englischem Tudor und deutschem Fachwerk an seine Erbauerin, die englische Prinzessin Victoria und spätere deutsche Kaiserin Friedrich.

Hochzeit in Athen

Als erstes großes Familienereignis nach dem Tode Kaiser Friedrichs wurde im Oktober 1889 die Hochzeit der jüngeren Schwester Sophie mit dem Kronprinzen Konstantin [Tino] von Griechenland gefeiert.

Konstantin war der Enkel der Prinzessin Luise von Hessen-Kassel und des Königs Christian IX. von Dänemark. Deren Sohn Wilhelm hatte als Georg der I. 1863 den griechischen Thron bestiegen. Durch seine Vermählung mit Prinzessin Olga von Russland, einer Enkelin der Königin Luise von Preußen, bestand auch eine enge dynastische Verbindung mit dem Hause Hohenzollern.

Die kaiserliche Familie nahm geschlossen an den Festlichkeiten in Athen teil. Viktoria beschreibt diese Hochzeit sehr ausführlich, aber eher im Sinne einer Chronistin, eigene Gefühle bleiben unerwähnt. Ihre Mutter sah das deutlicher: „Sehe ich meine liebe Moretta an und denke daran, was hätte sein können und sein müssen, fühle ich einen heftigen Stich, besonders wenn ich Sophie mit ihrem Tino sehe."[56]

Für Moretta änderte sich nun auch die höfische Rangfolge. Als unverheiratete und noch nicht verlobte Prinzessin hatte sie bei Hofereignissen hinter ihrer um vier Jahre jüngeren Schwester zu gehen. Bei der Wichtigkeit, die Rangunterschieden am preußischen Hofe beigemessen wurde, kann die junge Prinzessin das nur als weitere „Demütigung" empfunden haben.

Dem politischen Schicksal des griechischen Kronprinzenpaares war in den folgenden Jahrzehnten nicht viel Glück beschieden. Nach dem Tode Georg I. im Jahre 1913 folgte ihm sein Sohn als König Konstantin I. auf den griechischen Thron. Das Land war sowohl innen- wie außenpolitisch gespalten. Bei Ausbruch des ersten Weltkrieges setzte König Konstantin gegen den Willen einer sehr einflussreichen Militärkamarilla die Neutralität seines Landes durch. Als im Verlaufe des Krieges Griechenland von den verbündeten Westmächten teilweise besetzt wurde, wuchs der Druck auf den König. Konstantin I. dankte am 12.6.1917 ab. Nach weiteren Unruhen und dem Scheitern einer provisorisch eingerichteten Regierung wurde er durch Volksentscheid nach Griechenland zurückgerufen. Eine erneute Revolte verschiedener Generäle zwang ihn 1922 wiederum zur Abdankung. Ihm folgte, ebenfalls mit erheblichen Unterbrechungen, sein ältester Sohn als König Georg II. von Griechenland

5. Kapitel
Wege zum Glück?

Auf der Suche nach einer standesgemäßen Partie

Schon bald nach dem endgültigen Verbot der Heirat Viktorias mit dem Prinzen Alexander von Battenberg hielt Kaiser Wilhelm II. Ausschau nach einem anderen, ihm wohlgefälligeren Ehemann für seine Schwester. Viktoria, zweiundzwanzig Jahre alt und damit auf einem gefährlichen Weg zur „alten Jungfer", war keine ausgesprochene Schönheit und galt wie auch ihre ältere Schwester Charlotte als schwierig und eigenwillig. Photos aus dieser Zeit zeigen eine große, sehr schlanke junge Frau mit strengen Gesichtszügen. Eine gewisse Extravaganz in der Kleidung unterstreicht diesen eher herben Typ.

Ein erstes Eheangebot kam durch Vermittlung des englischen Hofes zustande. Aber der ausersehene Kandidat, Prinz Carl von Schweden, jüngster Sohn des schwedischen Königs Oskar II., lehnte nach anfänglichem Zögern eine Eheschließung mit einer Hohenzollernprinzessin ab. Eine Reise zu ihrer Großmutter nach London sollte Moretta über diese neuerliche Enttäuschung hinweghelfen. Ein Großfürst aus dem Hause Romanow war nun als möglicher Heiratskandidat im Gespräch und Queen Victoria plante, ein Treffen zwischen beiden herbeizuführen. Als auch dieses Eheprojekt bereits im Anfangsstadium scheiterte, verfiel Moretta wiederum in düstere Stimmungen: „Ich werde niemals heiraten", schrieb sie ihrer Mutter, „*alle* meine Verwandten, Schwestern, Freunde tun es, nur ich Dumme nicht, niemand will mich haben, nichts als Enttäuschung ist mein Los.. Ich bin zu hässlich, das ist der Grund!"[57]

Inzwischen hatte Kaiser Wilhelm, ohne die Betroffenen zu fragen, die Situation „bereinigt". Seine Wahl war auf Prinz Adolf zu Schaumburg-Lippe gefallen, den er von seiner Bonner Studentenzeit her kannte. Philipp von Eulenburg, einer der engsten

Vertrauten des Kaisers, wurde daraufhin mit der heiklen Aufgabe betraut, das Privatleben und die finanzielle Situation des Prinzen auszuloten. Das Ergebnis fiel positiv aus und damit war die Angelegenheit für den Kaiser erfolgreich beendet.

Kaiserin Friedrich nahm die Entscheidung scheinbar gelassen, innerlich jedoch zutiefst enttäuscht, auf. In einem Brief an ihre Mutter, Queen Victoria, beschrieb sie den designierten Bräutigam zwar als gut aussehend und angenehm, aber in ihren Augen war er „nicht gerade eine großartige Partie".[58] In einem anderen Zusammenhang hatte sich Victoria, damals noch Kronprinzessin, in einem Brief an ihre Schwester Helena bereits sehr unfreundlich über ein anderes Mitglied des schaumburg-lippischen Fürstenhauses, den Erbprinzen Georg, geäußert Er sei „extrem reich, aber hässlich und vulgär und wenig respektgebietend," hieß es dort[59] Insgeheim suchte sie weiterhin nach einem präsentableren Ehegefährten für ihre Lieblingstochter, das „arme Möhrlein".

Prinz Adolf als vierter Sohn des regierenden Fürsten Adolf zu Schaumburg-Lippe und seiner Gemahlin Hermine 1859 in Bückeburg geboren, hatte kaum Aussichten, den Thron des kleinen aber wohlhabenden Fürstentums zu übernehmen. Viktorias Schwestern Charlotte und Sophie hatten glanzvollere Partien gemacht. Schaumburg-Lippe, im Nordwesten Deutschlands gelegen, war nach dem Fürstentum Lippe der zweitkleinste Flächenstaat des Deutschen Reiches. Auf einer Fläche von 340 qkm lebten knapp 50 000 Einwohner. Hermann Löns hat in seiner bissigen Satire „Duodez" die Eigentümlichkeiten dieses Kleinstaates treffend karikiert. Man könne, so heißt es dort, von der Residenzstadt Bückeburg aus nach keiner Richtung über eine Stunde weit gehen, ohne sich im Auslande, das hieß in Preußen, zu befinden. Damit war auch schon ein weiteres Problem Schaumburg-Lippes angesprochen. Ganz von Preußen umgeben war das Fürstentum gezwungen, sich eng an den mächtigen Nachbarn anzuschließen. Man hatte bereits im Schicksalsjahr 1866 Erfahrungen gemacht, welche Folgen die Mißachtung preußischer Interessen haben konnte. Als der damalige schaumburg-lippische Kabinettsrat

Viktor von Strauß, Großvater der Dichterin Lulu von Strauß und Torney, bei einer Abstimmung im Frankfurter Bundestag gegen Preußen stimmte, konnte nur das schnelle Einlenken des regierenden Fürsten Adolf Georg das Fürstentum vor der Gefahr einer preußischen Annexion schützen. Viktor von Strauß musste das Land verlassen. 1867 lehnte man sich weiter an Preußen an. Durch eine Militärkonvention ging die Militärhoheit an Preußen über, Justiz- und Medizinalwesen, Post- und Finanzverwaltung wurden preußischen Aufsichtsbehörden unterstellt.

Die nun geplante eheliche Verbindung zwischen den beiden Häusern lag wohl in beiderseitigem Interesse. Kaiser Wilhelm konnte seine widerspenstige Schwester standesgemäß, das heißt in ein regierendes Haus, verheiraten. Auf Bückeburger Seite wurde die Beziehung zu Preußen zusätzlich auf eine verwandtschaftliche Basis gestellt und damit, so hoffte man, auch enger geknüpft.

Die große Liebe?

„Ich hatte das Glück gefunden." Diesen Titel wählte Viktoria für ein allerdings sehr knappes Kapitel ihrer Memoiren. Bei einer Feierlichkeit in der Residenz der Prinzessin zu Wied, Mutter der berühmten Königin Carmen Sylva von Rumänien, hatte sie im Frühjahr 1890 den ihr eher flüchtig bekannten Prinzen Adolf zu Schaumburg-Lippe getroffen, der ihr sogleich einen Heiratsantrag machte und den sie ebenso kurz entschlossen annahm. „Ein „famoser Kerl" sei er, habe der Kaiser gesagt. Mehr erfährt man aus Viktorias Erinnerungen nicht über ihren Bräutigam. Ihre eigenen Empfindungen bleiben merkwürdig unklar. Sie sei stolz, ihren Verlobten anderen vorstellen zu können, heißt es einmal, aber das schien sich mehr auf die Tatsache der Verlobung als auf die Person Adolfs zu beziehen. Viktoria war inzwischen vierundzwanzig Jahre alt und ihre Großmutter in England zeigte sich hocherfreut darüber, dass Vicky nun „endlich heiratet", und noch dazu einen „ächten Prinzen"[60]. Adolf hatte von 1881 bis 1883 in

Bonn und von 1883 bis 1885 in Göttingen Rechtswissenschaft studiert. Seit 1886 diente er als Oberleutnant im Rheinischen Husarenregiment in Bonn. Wie auch sein zukünftiger Schwager, Kaiser Wilhelm II., gehörte er seit seiner Studentenzeit in Bonn dem Corps Borussia an. Man kann also vermuten, dass sich beide recht gut kannten. Die offizielle Verlobung fand am 17. Juni 1890 in Potsdam statt.

Kurz nach der Verlobung, Ende Juni, reiste die Kaiserinwitwe und Brautmutter Victoria mit ihren Töchtern Viktoria und Margarethe in Begleitung Prinz Adolfs nach London, um den frischgebackenen Bräutigam der englischen Königin, also seiner Schwiegergroßmutter, vorzustellen. Dieser eher formelle Besuch wurde von einer Reihe von Gerüchten überschattet, deren Urheberschaft nicht eindeutig zu klären ist. Eine nicht unerhebliche Rolle spielte dabei wohl Viktorias ältere Schwester Charlotte, Erbprinzessin von Sachsen-Meiningen. In verschiedenen Briefwechseln zwischen ihr, ihrer Tante, der Herzogin von Edinburg, und dem Kaiserpaar behauptete sie, Viktoria habe eine leidenschaftliche Affäre mit dem in englischen Hofkreisen verkehrenden Marineoffizier Captain Bourke begonnen, die trotz Verlobung nach wie vor bestände. Unterstützt wurden diese Vermutungen von der Kaiserin Friedrich, die die romantische Vorstellung von einer großen Liebe aufrechterhalten wollte, die wiederum an dem „schrecklichen Tyrann Wilhelm"[61] zu scheitern drohte. Viktoria erwähnt diese Romanze in ihren Memoiren nicht. Allerdings berichtet sie von der „schönen Überfahrt" zur Taufe ihres Neffen im Juli 1890 in Athen und von der freudigen Stimmung an Bord des englischen Kriegsschiffes „Surprise". Kapitän des Schiffes war Bourke.

Entsetzen am Berliner Hof! Kaiserin Auguste Viktoria sah „in dem ewigen Contact mit dem Mann" große Gefahren für das Kaiserhaus, denn „wenn eine wie Vicky ist," schrieb sie an ihren Mann, „wenn sie ganz rappelig wird, wird sie wohl möglich etwas ganz entsetzliches tun, u. Dir schließlich sagen, dass Gründe vorlägen, die sie nötigten, den Menschen zu heiraten. Bei Victoria

[Moretta] ist alles möglich, meiner Ansicht nach!"[62] Ob Viktoria diese doch wohl aussichtslose Affäre ganz ernst genommen hat, ist zweifelhaft. Eher ist zu vermuten, dass es sich um ein letztes vergebliches Aufbäumen gegen die von ihrem Bruder arrangierte Ehe handelte. Mitgliedern der Hofgesellschaft fiel Viktorias ungewohnte Niedergeschlagenheit und Mutlosigkeit auf, die sich mit dem Näherrücken des Hochzeitstermins noch steigerte. Graf Waldersee traf mit seiner pessimistischen Einschätzung die allgemeine Stimmung: „Ich bin überzeugt, dass das Paar durchaus nicht zusammenpasst und das die Ehe eine glückliche gar nicht werden kann."[63]

Eheberedung

Umso eifriger wurde die „Eheberedung" zwischen den Höfen in Berlin und Bückeburg betrieben. Nach mehrwöchigen Vertragsverhandlungen war der Ehevertrag perfekt. Neben dem Eheversprechen enthielt der Vertrag die üblichen Bestimmungen über Heiratsgut und Ausstattung. Kaiser Wilhelm II. verpflichtete sich darin als Heiratsgut die Summe von 150.000 Mark an Prinz Adolf auszuzahlen, gleichzeitig wurden Prinzessin Viktoria „aus brüderlicher Zuneigung" 150.000 Mark als Paraphernalgelder[64] bewilligt und geschenkt. Dazu kam eine Summe von 8.000 Mark jährlich, die von dem Tage der Vermählung an in vierteljährlichen
Raten zur beliebigen Verwendung für Kleidung und ähnliche Ausgaben gedacht war. Als „Morgengabe" erhielt Viktoria dann vom schaumburg-lippischen Hof zusätzlich noch einmal 9000 Mark.

Unerwähnt blieb bei diesen Verhandlungen der schwelende lippische Thronfolgestreit. Man kann aber davon ausgehen, dass Kaiser Wilhelm bei der Bestimmung seines zukünftigen Schwagers gerade diese Angelegenheit für entscheidend hielt. Es ging dabei um verzwickte Erbschaftsangelegenheiten: Fürst Woldemar, seit dem 8. Dezember 1875 Landesherr des Fürstentums Lippe-Detmold, hatte keine Nachkommen, der nächste Thronerbe, sein jüngerer Bruder Prinz Karl Alexander, war geisteskrank. Zahlreiche Rechtsgutachten erörterten bereits vor Eintritt des Erbfalles die Frage, wer beim Erlöschen der regierenden lippischen Hauptlinie erbberechtigt sei. In Frage kamen sowohl das Haus Lippe-Biesterfeld als auch das Haus Schaumburg-Lippe. Beider Ansprüche begründeten sich im 17. Jahrhundert. Simon VI. regierender Graf zur Lippe hinterließ bei seinem Tode im Jahre 1613 zwei Söhne, den Thronfolger Simon VII., geb. 1587, und dessen 1601 geborenen jüngeren Bruder Philipp. Philipp erbte 1643 von seiner Schwester, der Gräfin Elisabeth von Holstein-Schaumburg, einen Teil der Grafschaft Schaumburg und wurde damit zum Begründer der selbständig regierenden Linie des Hauses Schaumburg-Lippe.

Die Biesterfelder Linie stützte ihre Ansprüche auf Jobst Hermann, den zweiten Sohn Simons VII., der die Linie Lippe-Biesterfeld durch Schaffung des Herrensitzes Biesterfeld zwischen 1654 bis 1665 begründet hatte. Aufgrund dieser verwandtschaftlichen Verhältnisse sah sich die Linie Lippe-Biesterfeld als erste zur Erbfolge berufen. Zweifel bestanden jedoch an ihrer Ebenbürtigkeit, da Graf Ernst zur Lippe-Detmold im Jahre 1803 ein aus niederem Adel stammendes Fräulein Modeste von Unruh geehelicht hatte. Allerdings war auch der Stammbaum des Hauses Schaumburg-Lippe nicht ganz ohne Makel. War doch Graf Friedrich im Jahre 1722 ebenfalls eine unebenbürtige Verbindung eingegangen und hatte Elisabeth von Friesenhausen, die Tochter eines einfachen Adligen geheiratet.

Neben persönlichen Abneigungen der Biesterfelder Linie gegenüber war Fürst Woldemar von dem Gedanken beseelt, sein Land einem *regierenden* Fürstenhaus zu vererben. Um nun zu erwartende Rechtsunsicherheiten nach seinem Ableben zu verhindern, erkannte er in einem Geheimvertrag von 1886 das Thronfolgerecht in Lippe dem Hause Schaumburg-Lippe zu. Zum Nachfolger nach dem Erlöschen der lippischen Hauptlinie bestimmte er den jüngsten Sohn des regierenden Fürsten Adolf Georg zu Schaumburg Lippe, den Prinzen Adolf, der zunächst die Regentschaft für den regierungsunfähigen Prinzen Alexander übernehmen sollte. Es bestand also für ihn immerhin eine begründete Hoffnung auf spätere Übernahme von Thron und Fürstentitel.

Eine weitere Bestimmung sollte erst Jahrzehnte später und in einem ganz anderen Zusammenhang für erhebliche Unruhe sorgen. „Für den Fall der Witwenschaft" so hieß es in einer der Schlussbestimmungen des Ehevertrages, „soll Ihrer Königlichen Hoheit das künftige Palais Seiner Durchlaucht des Prinzen Adolf Wilhelm Viktor zur Verfügung gestellt werden."

Aufschlussreich für die gesellschaftliche Einschätzung dieser Verbindung ist eine Randnotiz in einem der in Bückeburg vorliegenden Vertragsentwürfe. Aus Berlin war der Hinweis erfolgt, dass in dem Vertragstext die Prinzessin ihrem Rang als *königliche* Prinzessin entsprechend stets an erster Stelle, also vor ihrem Bräutigam, zu nennen sei. Ein persönlicher Aktenvermerk des regierenden Fürsten Adolf zu Schaumburg-Lippe vom 29.9.1890 hebt ausdrücklich hervor, dass Preußen ihm jedoch versichert habe, in dieser Verbindung keine „Mesalliance" zu sehen. Zweifel an der damals so wichtigen Frage der Rangmäßigkeit blieben aber weiterhin bestehen.

Die materielle Basis des Brautpaares war hingegen gesichert. Und so wurde der 19. November 1890 als Hochzeitstermin bestimmt.

Hochzeit

Viktoria war keine strahlende Braut. „Je näher die Hochzeit rückt, desto niedergeschlagener ist sie", heißt es in einem der Briefe der Kaiserin Friedrich an ihre Mutter.[65] Nach und nach schien sie sich jedoch mit ihrem Schicksal abzufinden, zumindest was die äußeren Bedingungen der Hochzeit betraf. Das Aussuchen des Trousseaus, die vielen Anproben der neuen Kleider und vor allem die Freude über die vielen Hochzeitsgeschenke ließen die Zukunft vorübergehend etwas heller erscheinen. „Meine Mutter schenkte mir ein herrliches Diadem aus Saphiren, Diamanten und Perlen sowie eine Kette aus denselben Juwelen. Von meinem Bruder Wilhelm bekam ich ein anderes schönes Diamantendiadem, Königin Victoria schickte mir eine prächtige Brosche." Und der Bräutigam? Sein Geschenk findet am Ende der Aufzählung auch noch Erwähnung: „...mein Bräutigam [erfreute] mich mit einem großen Solitärring, dem gewöhnlichen Geschenk für alle Bräute, die in seine Familie einheirateten."[66]

Die Hochzeit fand am 19. November 1890 in Berlin statt und wird in Viktorias Memoiren ausführlich beschrieben: „Nachmittags wurde ich in mein Hochzeitsgewand gekleidet; dann breitete meine Mutter ihren eigenen Hochzeitsschleier über meinen Kopf, um den ein Kranz von Orange- und Myrtenblüten lag. Das Kleid samt der Schleppe aus Silberbrokat war mit Orangeblüten und Spitze besetzt."[67] Am Nachmittag unterschrieb Viktoria nach der Ziviltrauung zum ersten Mal mit ihrem neuen Titel einer „Prinzessin zu Schaumburg-Lippe". Am Abend wurde das Paar dann in der Schlosskirche von dem Hofprediger Dr. Dryander getraut. Die Hochzeitsfeier fand im festlichen Rahmen, jedoch ohne den bei „hohen Vermählungen" in Preußen üblichen Fackeltanz, im engeren Familienkreise statt. „Sei gut zu ihr", mit diesen an ihren Schwiegersohn gerichteten Worten verabschiedete die Kaiserin Friedrich das frisch vermählte Paar. Aber sie wies auch Moretta, ihr geliebtes „Möhrlein", darauf hin, ihre „Pflicht" zu tun, also „tapfer" und eine treue, „gute Hausfrau" zu sein. Ein wenig Hoffnung hegte die Mutter allen Wirren zum trotz wohl doch noch auf ein Gelingen dieser Ehe, wenigstens darauf, dass Moretta „ mit ihrem Schicksal zufrieden" sein könne. „Ich bin froh, dass sie ihr eigenes Heim haben wird und jemanden, der sie beschützt, wenn ich sterben sollte",[68] auch diese Vorstellung war ein kleiner Trost für die besorgte Mutter.

Viktoria und Adolf verbrachten zunächst drei Tage im Potsdamer Stadtschloß und reisten dann mit dem Zug weiter nach Bückeburg. Die erste Zwischenstation dieser Reise war Hannover. Von dort aus erreichte ein kläglicher Brief die Mutter in Berlin. Die Zugfahrt sei grässlich und voller Widerwärtigkeiten gewesen, heißt es darin, aber das Hauptproblem lag wohl tiefer, „was würde ich nicht darum geben, unverheiratet und bei meiner geliebten Mutter daheim zu sein. Ich wusste immer, dass es schrecklich sein würde, Dich zu verlassen, aber ich habe es nicht für so schlimm gehalten, wie es tatsächlich ist! Laß mich zurückkehren!...Ich kann nicht tapfer sein!"[69]

Am Tage darauf wurde die Reise nach Bückeburg fortgesetzt und Viktoria schien sich – zumindest äußerlich – wieder gefasst zu haben. „Unsere liebe Vicky stand sowohl das weiße Kostüm bei der Ankunft, wie abends die rote Toilette außerordentlich gut und sah vortrefflich aus", telegraphierte ihre Schwiegermutter, Fürstin Hermine, begeistert nach Berlin.[70] Der Empfang in Bückeburg war überaus freundlich. Das junge Paar wurde mit Blumen und Ansprachen begrüßt und beglückwünscht. Im festlich geschmückten Schloß hatte sich die gesamte fürstliche Familie versammelt, um die Ankommenden herzlich willkommen zu heißen. Viktoria gefiel zwar die ungezwungene und heitere Atmosphäre in Bückeburg, aber in ihren täglichen Briefen an die Mutter ist immer wieder von dem „schrecklichen Heimweh" die Rede. Ablenkung und Trost findet sie nur in den vielen Feierlichkeiten. Immerhin war der große Hofball, zu dem alle Regimentskameraden des Prinzen eingeladen waren, „ein sehr lustiges Fest."[71] Und Adolfs Husaren „sind sehr gute Tänzer!" Viktoria berührte auch deren Zuneigung zu Adolf: „Sie loben ihn in den Himmel - & in der Tat ist er auch wirklich ein Kontrast zu seinen schrecklichen Brüdern".[72] Neben deren Tischmanieren erregten die Haltung der Bediensteten und die stickige Luft ihr Unbehagen.

Die Reise „nach dem Oriente"

Nach Erledigung aller offiziellen Pflichten brachen Prinz und Prinzessin zu Schaumburg-Lippe zu einer ausgedehnten und luxuriösen Orientreise auf. In den Bückeburger Heiratsakten befindet sich unter dem Datum vom 6. März 1891 eine Aufstellung der Reiseziele und der Kosten:
„Von der hochfürstlichen Durchlaucht des Prinzen Adolf sind zur Reise nach dem Oriente die folgenden Beträge erhoben:

1. aus fürstlicher Kammerkasse	6.000,-	Mark
2. in Wien	5.487,-	Mark
3. in Rom	7.700,80	Mark
4. in Cairo	20.507,60	Mark
5. in Constantinopel	3.234,-	Mark
6. Rückreise	6.018,-	Mark
	48.947,40	Mark"[73]

Das statistische Pro-Kopf-Einkommen der Bevölkerung betrug zu dieser Zeit ungefähr 716,- Mark pro Jahr.

Auch während der Hochzeitsreise gingen täglich Briefe an die Mutter in Berlin. Viktoria schien sich mit ihrer Ehe und mehr und mehr auch mit ihrem Ehemann zu arrangieren, auch wenn sie immer wieder „krank vor Heimweh" war. Sie vermisste an Adolf eine gewisse Gewandtheit und Weltläufigkeit. Die ständigen Audienzen und Besuche waren ihm zuwider, er versprach aber, sich um bessere englische und französische Sprachkenntnisse und damit auch um mehr gesellschaftliche Kontaktmöglichkeiten zu bemühen. Viktoria fand zunehmend Gefallen an Repräsentationsaufgaben, die ihr einen gewissen Ausgleich für die zunächst schwierige Ehe boten.

Die verschiedenen Stationen der Reise brachten keine großen Veränderungen in den ehelichen Beziehungen. Man absolvierte das übliche Besichtigungsprogramm. Die junge Ehefrau klagte über die Hitze in Luxor, über Adolfs nächtliche Hyänenjagden und immer wieder standen Heimweh und Sehnsucht nach der Nähe der Mutter im Vordergrund. Viktoria fühlte sich alleingelassen. Im Februar schien sich jedoch eine Wende zum Besseren zu ergeben. Der wegen verschiedener Unpässlichkeiten der Prinzessin aus Assuan herbeigerufene englische Militärarzt vermutete „ein bevorstehendes Familienereignis", eine sichere Diagnose sei jedoch zu diesem frühen Zeitpunkt nicht möglich. Diese noch sehr vage Hoffnung veränderte Viktorias Einstellung zu ihrem Ehemann schlagartig. „Ich beginne ihn zu verstehen und liebe ihn mehr und mehr", erklärte sie ihrer Mutter euphorisch. „Es ist mir unverständlich, wie ich jemals ohne ihn leben konnte – Ich muß dem Himmel täglich dafür danken, mir solch einen Ehemann geschenkt zu haben."[74] Glück und Hochstimmung währten nicht lange. Die erhoffte Schwangerschaft stellte sich als Irrtum heraus, Adolf und Viktoria waren tief enttäuscht. Adolf habe ein längeres Gespräch mit dem Arzt gehabt, so Viktoria an ihre Mutter, sei ihr aber anschließend nicht sehr getröstet vorgekommen. Viktoria litt sehr unter dieser zerstörten Hoffnung und schien von bösen Vorahnungen gequält zu sein. Denn eigentlich bestand zu diesem Zeitpunkt kein plausibler Grund, die Aussicht auf Nachkommen aufzugeben. Viktoria war schließlich erst vierundzwanzig Jahre alt, seit drei Monaten verheiratet und gesund. Die folgenden Briefe enthalten wieder die üblichen Klagen über die Trennung von ihrer Mutter und die Angst vor der Zukunft. Sie habe sich zu fügen und zunächst nach Bückeburg, später dann endgültig nach Bonn zu ziehen. „Eine schreckliche Idee ohne Dich", fügte sie hinzu, „all diese Dinge regen mich furchtbar auf."[75]

Im März 1891 kehrte das junge Ehepaar nach Deutschland, zunächst nach Berlin, dann nach Bonn zurück.

Die Stadt und die Bürger Bonns bereiteten den fürstlichen Herrschaften, wie bei solchen Angelegenheiten üblich, einen triumphalen Empfang. Schützen- und Kriegervereine nahmen Aufstellung, festlich gekleidete Mädchen hielten Blumensträuße in den Händen, abends gab es den traditionellen Fackelzug. Bei alledem schwang wohl auch ein gewisser Stolz der Bürgerschaft mit, eine so ranghohe Persönlichkeit wie die Schwester des Kaisers in ihren Reihen zu wissen.

6. Kapitel
Zwischen Bückeburg und Bonn

Die ersten Jahre

Folgt man Viktorias Memoiren so verliefen die ersten Ehejahre harmonisch. Adolf tat weiter Dienst bei den Bonner Husaren und machte dort als kaiserlicher Schwager schnell Karriere. Er wurde Major, Oberstleutnant, Oberst und schließlich General der Kavallerie. Standesdünkel war ihm fremd, er sah sich am liebsten als Bürger unter Bürgern, was ihm in Bonn den Ruf einer gewissen Volkstümlichkeit einbrachte. „Mein Gatte war einer der freundlichsten, vornehmsten und besten Ehemänner, die man sich vorstellen kann, stets ritterlich, fest von Charakter und wahrer Menschlichkeit", so die Beschreibung der jungen Ehefrau.[76] Zu den gemeinsamen Interessen des Ehepaares gehörte die Liebe zum Sport. Man ritt und spielte mit Begeisterung Tennis. Das Vermögen und die Großzügigkeit des fürstlichen Schwiegervaters ermöglichten ein von finanziellen Sorgen unbeschwertes Leben.

Trotz der beruflichen Verankerung in Bonn sahen Adolf und auch Viktoria ihren familiären Mittelpunkt in Bückeburg. Feste und Familienfeiern wurden stets in der Bückeburger Residenz verbracht. Einen Höhepunkt bildete jeweils das Weihnachtsfest, wo sich dank der Freigebigkeit des regierenden Fürsten und zum großen Erstaunen Viktorias Dorfbewohner und Schulkinder im Schloß versammelten. Reich beschenkt mit warmer Kleidung, Kuchen und anderen Gaben kehrten sie dann nach Hause zurück.

Adolf und Viktoria hatten als Wohnsitz ein am Rhein gelegenes repräsentatives Haus, die nach ihrem ersten Eigentümer benannte „Villa Löschigk", gemietet. Mit viel Umsicht ging Viktoria daran, das neue Heim nach ihrem Geschmack zu gestalten „sehr englisch und hübsch!" Allerdings war auch der Gedanke an die ungelöste „Detmolder Angelegenheit" nicht in Vergessenheit geraten. Zwei widersprüchliche Sichtweisen beschäftigten Viktoria, einerseits mochte sie Bonn nur sehr ungern verlassen, andrerseits, und das war wohl die gewichtigere Überlegung, hoffte sie inständig auf eine glanzvollere Karriere Adolfs und die damit verbundene Aufwertung und Rangerhöhung der eigenen Position. „Ich glaube nicht, dass er den Wunsch hat, immer Soldat zu bleiben", schrieb sie ihrer Mutter,[77] „und wenn Detmold für immer uns gehören sollte, wird es auch lebenslang unser Heim bleiben."

Adolf schien der Militärdienst bei den Bonner Husaren im Großen und Ganzen jedoch zu gefallen. Das Leben war geregelt und übersichtlich, der Dienst ließ Zeit für die von ihm so geliebte Jagd und dank seiner Bonner Studienzeit für „Kneipen" bei den Borussen. Viktoria haßte beides, wie sie ihrer Mutter anvertraute, die Jagd wegen der oft tagelangen Abwesenheit Adolfs, die Kneiperei nicht allein ob der späten (oder eher frühen) Heimkehr des Gatten, sondern vor allem wegen dessen „schrecklichen Zustandes" und der „unflätigen" Worte, die er dann gebrauchte: „The things he said to me, I shall never forget!"[78]

Es gab aber auch gesellschaftliche Anlässe, an denen Viktoria großen Gefallen fand, zum Beispiel die Casinofeste. Als Schwester des Kaisers wurden ihr wie selbstverständlich allgemeine Aufmerksamkeit und Bewunderung zuteil. Sie tanzte gern und gut, ihre extravagante Kleidung fiel auf. Einige der Offiziersgattinnen seien darüber so erschrocken, dass sie wie aufgescheuchte Hausmädchen gewirkt hätten, aber, so Viktoria nicht ohne Selbstgefälligkeit, „warum um alles in der Welt können sich diese guten Frauen nicht geschmackvoller kleiden und eleganter frisieren?"[79]

Und dann hatte das Rheinland noch etwas zu bieten, den Karneval! Maskenball folgte auf Maskenball. Prinz und Prinzessin zu Schaumburg-Lippe erschienen in Bückeburger Tracht. Viktoria in dem für diese Gegend leuchtend roten Rock, mit weißem Halskragen und gesticktem Schultertuch, seidener Schürze und weit ausladender schwarzer Bandmütze. Adolf in hochgeschlossener , geblümter Ärmelweste und langem weißem Leinenrock. Beide genossen es, Mittelpunkt des Festes zu sein.

Lange Schatten

Was sich bereits auf der Hochzeitsreise als dunkle Ahnung angedeutet hatte, schien immer mehr zur Gewissheit zu werden. .Eine erneute, wenn auch vage Hoffnung auf eine Schwangerschaft zerschlug sich unmittelbar nach dem Einzug in Bonn im März 1891. Verzweiflung und Enttäuschung machten sich breit. „Ich wünsche mir von ganzem Herzen ein Kind", schrieb sie an ihre Mutter und bedauerte den „armen Adolf, der eine Frau hat, die ihm kein Kind schenken kann."[80] Unbestimmte Aussichten auf Nachwuchs erwiesen sich immer wieder als Trugschluß. Gute Ratschläge kamen schließlich von ihrer Schwester Sophie. Sie solle zu einem Frauenarzt gehen, der einige Dinge in Ordnung bringen könne und dann würden Babies in großer Zahl [in heaps] kommen. Viktoria grauste es bei der Vorstellung eines entsprechenden Arztbesuchs, aber sie versprach diesen Rat zu befolgen, auch wenn ihr eine solche Untersuchung widerwärtig sei. Aber die Enttäuschungen wiederholten sich auch in den folgenden Jahren. Der behandelnde Arzt, Dr. Williams, riet zu Ruhe, Verzicht auf sportliche Aktivitäten wie zum Beispiel Tennis und empfahl Moorbäder – vergeblich! „Es scheint für mich keine Hilfe zu geben – es ist einfach zu entsetzlich. – Am liebsten würde ich in den Rhein springen!"[81]

Auch eine Kur in Langen-Schwalbach brachte keine Veränderung, obwohl ihr der dortige Arzt Dr. Franz große Hoffnungen gemacht und sogar eine „Garantie" für den Erfolg seiner Behandlung abgegeben hatte. „Eine Menge Geld für nichts hinausgeworfen", so der bittere Kommentar Viktorias.

Prinz Adolf bleibt gelassen

Prinz Adolfs Gefühle und Reaktionen bleiben undeutlich. Von ihm selbst liegen weder Briefe noch andere dokumentierte Aussagen vor, die Aufschluß über seine Stimmung geben könnten. Man muß sich also auf Beschreibungen seiner Umgebung stützen.

Zwei Dinge scheinen in seinem Leben von großer Wichtigkeit gewesen zu sein: Die Jagd, die ihn über alle Unbilden des Schicksals hinwegtröstete und das Zusammensein mit Gleichgesinnten beim Militär sowie im Corps Borussia. Seine Ehefrau stand beidem distanziert bis ablehnend gegenüber. Durch die Jagdleidenschaft, auch wenn es sich nur um ein „little shooting" handelte, fühlte sie sich vernachlässigt, vor der „verhassten Kneiperei" und deren unabsehbaren Folgen fürchtete sie sich jedoch regelrecht.

Die vergebliche Hoffnung auf ein Kind schien Adolf wohl weniger zu berühren als Viktoria, er bleibt immer „ganz ruhig". Elisabeth [auch Elsa] von Blücher, die das junge Paar auf der Hochzeitsreise begleitete, hält einige aufschlussreiche Beobachtungen fest: Während der Bahnreise durch viele berühmte italienische Landschaften „geht mir der Prinz auf die Nerven. Seine Conversation besteht aus Manövergeschichten, deren Pointen ich nie erfassen kann."[82] Und immer wieder „geht der Prinz auf seine geliebten Schakale". In der Nähe von Luxor „landeten wir an einem ganz wilden, einsamen, Ort, der beim Prinzen sofort die Hoffnung auf Schakale erweckte und – fort war er mit seinem Jäger." Konversation scheint auch bei anderen Gelegenheiten nicht die Stärke des Prinzen gewesen zu sein. Elisabeth von Blücher bedauerte die junge Ehefrau anlässlich eines Empfangs bei dem Sultan von Konstantinopel: „Zuerst ging die Conversation etwas mühsam, und die Prinzessin tat mir leid, da es nicht leicht für sie war. Der Prinz sah seelenvergnügt aus und sagte – nichts..."[83]

Endlich – ein fester Wohnsitz!

Am 8. Mai 1893 starb Fürst Adolf zu Schaumburg-Lippe und sein ältester Sohn Georg übernahm die Regierungsgeschäfte. Der verstorbene Fürst hatte kurz vor seinem Tode in einem Nachtrag zu seinem Testament am 10. Januar 1893 nochmals auf die Verpflichtung hingewiesen, für Prinz Adolf und seine Gemahlin ein angemessenes Palais als Wohnsitz zu erwerben. Wie in den Ehepakten vorgesehen sollte dieses Palais im entsprechenden Falle der Prinzessin als Witwensitz, nicht jedoch als Eigentum überlassen werden. Fürst Georg erfüllte diese vertragsmäßigen Vorgaben gewissenhaft. Im Jahre 1894 erwarb er die „Villa Löschigk" zum Kaufpreis von 404.000 Mark. Die Kosten der Einrichtung von insgesamt 249.066 Mark wurden ebenfalls aus den Einkünften des fürstlichen Hausvermögens beglichen.

Viktoria begann mit Leidenschaft und Erfolg nach weiterem passendem Inventar für den nun eigenen Wohnsitz zu suchen. Sie schwelgte in Stoffen und Farben, rosa Chintz für die Vorhänge, grüne Seidenbezüge für Sessel und Chaiselongue. Das Mobiliar sollte möglichst ehrwürdig und gediegen sein. „Ich muß es einfach haben", so die Begründung, wenn sie das geeignete Stück bei einem Antiquitätenhändler gesehen hatte. Adolf schien weniger von diesen kostspieligen Notwendigkeiten überzeugt zu sein. „Du bist wiedermal zu verwöhnt", war eine seiner lakonischen Antworten, wenn es um die luxuriöse Ausgestaltung des neuen Hauses ging.

Schwestern

Viktoria haderte nicht mit ihrem Schicksal, ein gewisses Unbehagen über die eigene Situation ließ sie jedoch nie ganz los. Im Vergleich mit anderen neigte sie dazu, sich als Verliererin zu sehen. Verstärkt wurden solche Gefühle durch Einschätzungen aus dem privaten Umfeld. Eine ihrer Cousinen, Alice von Hessen-

Darmstadt, beschrieb sie als leider sehr hässlich und keineswegs hübsch.[84] Was Moretta mit der schnippischen Bemerkung kommentierte, sie fürchte schon den Zeitpunkt, wo Alice zur Göttin der Schönheit erhoben werde. Auch die ältere Schwester Charlotte hatte es aus Viktorias Sicht leichter, denn sie „kriegt immer alles, was sie will",[85] den Ehemann, den sie sich selbst ausgesucht hatte, eines Tages den Titel einer Herzogin von Sachsen-Meiningen und, anläßlich einer Reise nach Konstantinopel sogar die höchste dortige Auszeichnung, den „Diamantenorden". Sie „muß einfach immer im Mittelpunkt stehen!" Viktoria bemerkte es voller Bewunderung, aber auch mit einem Anflug von Neid. Zu einer ähnlichen Einschätzung gelangte Kaiserin Friedrich. „Charlotte *muß* überall hinreisen und sich <en evidence> zeigen – sie kann *nie* ruhig bleiben und treibt sich immer umher" klagte sie in einem Brief an ihre Tochter Moretta.[86]

Sophie, die nächstjüngere Schwester, war glücklich mit dem griechischen Kronprinzen Konstantin verheiratet und neun Monate nach der Hochzeit bereits stolze Mutter des zukünftigen Thronerben. Für Aufregung hatte Sophie allerdings ausgerechnet während der Feierlichkeiten zu Morettas und Adolfs Hochzeit im November 1890 gesorgt. Ihr Entschluß zum griechisch-orthodoxen Glauben überzutreten, führte zu einem handfesten Skandal. Kaiser Wilhelm war außer sich über diese „Schmach" und verbot seiner Schwester im Falle eines Glaubenswechsels jemals wieder preußischen Boden zu betreten. Während sich Charlotte ebenfalls sehr empört über Sophies Religionswechsel äußerte, unterstützten die Mutter sowie die beiden Schwestern Moretta und Mossy vorbehaltlos Sophies Entscheidung. Schwieriger war die Situation für den jungen Ehemann, Prinz Adolf. Er fürchtete in den Familienzwist hineingezogen zu werden und rechnete mit ernsthaften Sanktionen seines Schwagers und obersten Kriegsherren, Kaiser Wilhelm II. „Mein Männchen ist sehr erstaunt, daß ein Bruder derartige Dinge tun kann – doch hält er wohlweislich seinen Mund & möchte sich in die Angelegenheit nicht einmischen", teilte Moretta ihrer Mutter entschuldigend mit.[87] Adolf weigerte sich auch beharrlich, seine Schwägerin Sophie und den griechischen Kronprinzen in Bonn zu empfangen, denn „Ich als preußischer Offizier – kann sie nicht in meinem Hause sehen – sollten sie kommen – nehme ich sofort Urlaub – und je weniger wir mit der Sache zu tun haben, je besser."[88] Adolf lehnte ebenso strikt einen Besuch bei seiner Schwiegermutter in Bad Homburg ab, solange sich das griechische Thronfolgerpaar dort aufhalte. Bitterkeit und Enttäuschung sprechen aus dem Brief, den Kaiserin Friedrich unmittelbar danach an ihre Mutter in London richtete: „Das ist der Preis, den ich dafür zahlen muß, dass sie [Moretta] einen deutschen Prinzen geheiratet hat, der nur Rittmeister ist. Er muß *alles* tun, was W. wünscht…& er schaut *nur* zum <Kaiser> und ist deshalb nicht hierher gekommen, um Sophie und Tino zu sehen, obwohl ich ihn 3mal eingeladen habe!!!"[89]

Margarethe, „Mossy", die jüngste der vier Schwestern, war in der glücklichen Lage, dass sich alle jungen Prinzen in sie verliebten, sie brauchte also nur zu wählen, so sah es jedenfalls Moretta. Mossy heiratete 1893 den Prinzen Friedrich Karl von Hessen, der 1925 nach dem Verzicht seines älteren Bruders nun seinerseits den Titel „Landgraf" führte.

Auch die Schwägerin Kaiserin Auguste Viktoria, „Dona" genannt, war aus Morettas Sicht zu beneiden, denn an ihrem elften Hochzeitstag am 27. Februar 1892 konnten sie und ihr kaiserlicher Gemahl auf sechs Söhne zurückblicken. Im gleichen Jahr wurde noch die einzige Tochter des Kaiserpaares, Viktoria Luise, geboren. Moretta zog daraus die etwas befremdlich anmutende Folgerung, dass „Dona" eine wesentlich bessere Frau für Adolf gewesen sei als sie selbst."[90]

Trotz dieser eher von Bewunderung geprägten Einschätzungen war Viktoria nicht frei von schrillen Taktlosigkeiten, ihrem Bruder Wilhelm darin sehr ähnlich. So bezeichnete sie ihre Schwester Charlotte als verlogen, jedes Wort, das aus ihrem Munde komme, sei eine Lüge. Sophie von Griechenland sei wegen ihres Wechsels zum orthodoxen Glauben eine Betschwester. Auch die übrige Verwandtschaft kam nicht besser weg. Bruder

Heinrich sei unauffällig und still, wahrscheinlich um seine natürliche Dummheit zu verbergen, seine Frau Irene unausstehlich hochmütig und Bruder Wilhelm überheblich. Diese Bemerkungen sind an sich unerheblich, lassen aber Rückschlüsse auf die Tonart und den zum Teil gehässigen Umgang der Familienmitglieder untereinander zu.

7. Kapitel
Der lippische Thronfolgestreit.

Doch noch eine Krone?

Das eher überschaubare Leben zwischen Bückeburg und Bonn wurde jäh unterbrochen. Das Schicksal hielt für Viktoria noch eine vielleicht heimlich ersehnte Überraschung bereit. Ein Ereignis war eingetreten, das die Hoffnung auf ein neues, bedeutenderes und glanzvolleres Leben nährte. Während eines Aufenthaltes bei Bruder Heinrich und dessen Gemahlin Irene in Kiel erreichte Adolf am 21. März 1895 ein Telegramm seines kaiserlichen Schwagers aus Berlin, das ihm die sofortige Abreise nach Detmold nahe legte und ihn bereits als „Regenten" titulierte. Was war geschehen?

Fürst Woldemar Graf zur Lippe –Detmold war am 20. März 1895 ohne Leibeserben verstorben. Die Nachfolge im Fürstentum Lippe fiel nun an seinen unverheirateten Bruder Alexander, der jedoch wegen Geisteskrankheit regierungsunfähig war. Was durch den Geheimvertrag von 1886 hatte verhindert werden sollen, trat ein: Anrechte auf die Regentschaft wurden sowohl von der gräflichen Linie Lippe-Biesterfeld, die in dem 1842 geborenen Grafen Ernst zur Lippe-Biesterfeld den rechtmäßigen Thronerben sah als auch von der fürstlichen Linie Schaumburg-Lippe geltend gemacht. Jetzt schien es jedoch so, als sei dieser Streitfall durch ein Testament des Fürsten Woldemar erledigt. Fürst Woldemar hatte am 15. Oktober 1890, also einen Monat vor der Hochzeit des Prinzen Adolf mit der Kaiserschwester befunden, „dass vom Zeitalter Unseres diesseitigen Ablebens an bis zur endgültigen Entscheidung der Thronfolgefrage im Fürstentum Lippe Seine Durchlaucht der Prinz Adolf Wilhelm Victor zu Schaumburg-Lippe...die Regentschaft im Fürstentum Lippe mit allen in der Staatsgewalt verfassungsmäßig enthaltenen Rechten und Pflichten ohne Ausnahmen...übernehmen soll."[91]

Damit war Prinz Adolf zunächst zum Regenten eingesetzt, aber es bestand durchaus Aussicht auf die lippische Thronfolge. Viktoria war begeistert: „Ich bin so aufgeregt – unsere Zukunft wird mit Sicherheit sehr schön".[92] Allerdings galt es noch einige Widrigkeiten zu überwinden. Die Meinungen im Fürstentum Lippe in Bezug auf die Regentschaftsfrage waren keineswegs einhellig. Viktoria verdächtigte in erster Linie die Presse auf Seiten der Biesterfelder zu stehen und die Bevölkerung mit boshaften und gemeinen Artikeln gegen sie und ihren Gemahl aufzuhetzen. Für die weit verbreitete „Lippische Landeszeitung", die sich selbst als „parteilos aber nicht farblos" bezeichnete, traf diese Einschätzung in gewisser Weise zu. „Die Mehrheit sowohl wie die Minderheit [des Landtages] fragte sich", so behauptete das Blatt zum Beispiel, „wie können wir am schnellsten die Regentschaft des Prinzen Adolf beseitigen und dem Grafen Ernst zu seinem Rechte verhelfen?"[93] Die „Biests", das war Viktorias tiefe Überzeugung, korrespondierten mit der g e s a m t e n Presse und die Journalisten wiederum schrieben nur das, was ihnen die „Biests" diktierten.

Zunächst aber schien sich die Angelegenheit trotz aller Widerstände durchaus zugunsten des Hauses Schaumburg-Lippe zu entwickeln. Prinz Adolf nahm an der Beisetzung des verstorbenen Fürsten Woldemar teil und die Bevölkerung „war von seiner Erscheinung eingenommen und wollte ihn gleich zum Fürsten haben."[94] „Er gewann alle Herzen. Ich bin so stolz auf ihn!" Viktoria sah sich dadurch in ihrer Auffassung bestärkt, dass „jene Biesterfelder" einen vergeblichen Kampf ausfochten.

Die tatsächliche Stimmung sah jedoch etwas anders aus. Die fürstliche Eigenmacht, die bei der Einsetzung des Prinzen Adolf eine Rolle gespielt hatte, bewirkte, dass die öffentliche Meinung überwiegend die Partei der Biesterfelder Linie ergriff. Der eilig einberufene Landtag beschloß am 23. April 1895 ein Regentschaftsgesetz, das die eingesetzte Regentschaft nur als vorläufig, nämlich bis zu einer endgültigen Entscheidung der Thronfolgefrage, anerkannte. Dem Drängen des Landtags folgend, setzte sich das lippische Ministerium nun dafür ein, die Angelegenheit über den Bundesrat dem Reichsgericht in Leipzig zur Entscheidung vorzulegen. Zunächst sollte jedoch eine gütliche Einigung versucht werden. Durch Vermittlung des Reichskanzlers Hohenlohe-Schillingsfürst kam ein Schiedsvertrag der Beteiligten zustande. Durch diesen wurde ein Schiedsgericht, aus dem König von Sachsen und sechs von diesem berufenen Richtern des Reichsgerichts bestehend, eingesetzt, das nach eingehender Prüfung der Rechtslage einen Schiedsspruch fällen sollte.

Ungeachtet dieser juristischen Auseinandersetzungen fühlte sich Viktoria im Detmolder Schloß schnell heimisch. Zusammen mit ihrem Gemahl besuchte sie jedes Dorf und jede Stadt im Fürstentum und genoß die Anerkennung der Bevölkerung. Zu den Höhepunkten des neuen Standes zählte Adolfs erster offizieller Besuch als „regierender Fürst" in Potsdam. Kaiser Wilhelm war mit der Regentschaft seines Schwagers „sehr einverstanden" und gab ihm zu Ehren einen großen Empfang. Man merkt Viktorias Schilderungen deutlich an, wie sehr sie diese gewisse „Gleichrangigkeit" beflügelte. Detmold wurde für kurze Zeit Mittelpunkt familiärer Besuche. Kein Zweifel, die Regentin des Fürstentums Lippe hielt Hof.

Auch Adolf fühlte sich sichtbar wohl. „Er sieht so gesund, stattlich , wunderbar ruhig und zufrieden aus" stellte die stolze Gemahlin fest, „dieses neue Leben, das vor ihm liegt, ist das beste für ihn und er ist sehr froh, dem monotonen Dienst entronnen zu sein, er war eine Pflicht und kein Vergnügen."[95]

Als nächstes ging es an die Ausgestaltung der Residenz. Das Detmolder Schloß sollte gründlich renoviert werden und so verlegte man den Wohnsitz für knapp vier Monate nach Schloß Lopshorn, einem großzügig angelegten Jagdschloß im lippischen Wald. Hier hatte auch das berühmte „Senner Gestüt" seine Heimat. Viktoria liebte die ungezwungene Atmosphäre, den Aufenthalt in der Natur. Sie habe wieder ihre „Möhrchen-Farbe" stellte sie voller Zufriedenheit fest. Die Zeit in Lopshorn scheint eine der glücklichsten Phasen in Viktorias Leben gewesen zu sein.

Noch Jahre später verglich sie angenehme Aufenthalte mit der Bemerkung, es sei „wie in Lopshorn". Mitte Oktober 1896 war das Stadtschloß wieder hergestellt und nach dem Urteil Viktorias „sehr ansehnlich, zauberhaft und reizend" und was sie noch besonders bemerkt, „es ist sauber und riecht auch sauber."[96]

Nur ein Problem ließ sich nicht so leicht aus der Welt schaffen. Viktoria fürchtete, dass ihre Kinderlosigkeit ein Hinderungsgrund für die endgültige Übernahme des Fürstentums sein könne und letzten Endes „doch alles den Biesterfeldern zufallen werde". Diese Sorge schien rein rechtlich jedoch unbegründet zu sein, denn in dem 1886 abgeschlossenen Geheimvertrag hatte Fürst Woldemar auch für diesen Fall eine Möglichkeit vorgesehen und ausdrücklich festgelegt, dass „für den Fall des unbeerbten Aussterbens der männlichen Deszendenz des zur Thronfolge im Fürstentum Lippe berufenen Prinzen Adolf, Durchlaucht, die Succession [Thronfolge] auf denjenigen Prinzen des regierenden Hauses Schaumburg-Lippe fällt, der nicht Agnat [männlicher Abkömmling] des zur Thronfolge im Fürstentum Schaumburg-Lippe berufenen Prinzen des fürstlichen Hauses ist". Diese rechtliche Absicherung tröstete Viktoria jedoch wenig. Die Sehnsucht nach einem Kind kam immer wieder auf. Als Margarethe im November 1896 Mutter von Zwillingsbrüdern wurde und ihren „armen Fischi" [Prinz Friedrich Karl] bedauerte, „der nun alles doppelt anschaffen müsse", hatte Viktoria nur den einen Gedanken: „Wenn ich doch nur eins davon hätte".[97]

Das Presseecho hinsichtlich der lippischen Erbfolgefrage war geteilt. Während die „Lippische Landeszeitung" eindeutig Partei für die Biesterfelder Linie ergriff und das schaumburger Regentenpaar in ihrer Berichterstattung kaum erwähnte, bemerkte der „Hannoversche Courier" durchaus eine zunehmend positive Haltung in der Bevölkerung: „Der Regent [Prinz Adolf] hat in der Behandlung der Landesgeschäfte ... und durch sein vertrauenerweckendes privates Bezeigen offenbar die Zuneigung der Bevölkerung in steigendem Maße erworben; seine Gemahlin Prinzeß Viktoria von Preußen nicht minder durch ihren regen und praktisch betätigten Sinn für das Gedeihen der gemeinnützigen Anstalten des Landes und durch herzgewinnende Liebenswürdigkeit im Verkehre."

Zu den üblichen Verpflichtungen einer Regentin gehörte auch der Einsatz für soziale Einrichtungen. So besuchte Viktoria häufig das von der Fürstin Pauline 1801 gegründete Kinderheim „Paulinenstift" und nahm über das Protokollarische hinaus ehrlichen Anteil.

Viktoria zeigte sich aber auch aufgeschlossen für neuere Entwicklungen. Sie plante zum Beispiel, eine Art „Fortbildungskurs" für junge Menschen einzurichten. Der hierfür gewonnene Sanitätsrat Dr. Hartmann aus Berlin sollte Lektionen für junge Frauen und Männer erteilen, um sie über die Dinge aufzuklären, die für junge Leute wichtig sind.[98]

Man kann vermuten, dass hierbei persönliche Erfahrungen Viktorias eine entscheidende Rolle gespielt haben. Die Briefe aus der ersten Zeit ihrer Ehe mit Adolf sprechen in dieser Hinsicht eine deutliche Sprache.

„Wenn Schuhmacher und Konditoren Fürsten werden können"

Die Hoffnung auf einen eigenen Herrschaftsbereich für Adolf und Viktoria wurde bald nachhaltig getrübt. Während beide im Juni 1897 den Feierlichkeiten zum sechzigjährigen Regierungsjubiläum der englischen Königin Victoria in London beiwohnten, wurde Adolf unverzüglich nach Detmold zurückberufen. Was beide seit Beginn des Rechtsstreites zwar befürchtet aber nicht recht geglaubt hatten, war eingetreten. Der Familienzweig Lippe-Biesterfeld hatte seine älteren Rechte auf die Lippische Fürstenkrone durchgesetzt. Auch die energische Parteinahme Kaiser Wilhelms zugunsten des Hauses Schaumburg-Lippe hatte nichts bewirkt, sondern die Streitigkeiten eher noch verschärft. Am 22. Juni 1897 sprach das Schiedsgericht unter dem Vorsitz des Königs von Sachsen dem Grafen Ernst zur Lippe-Biesterfeld das Erbfolgerecht zu, worauf dieser die Regentschaft antrat. Der Einwand des Hauses Schaumburg-Lippe, wonach die Ehe des Großvaters des Grafen mit Modeste von Unruh nicht standesgemäß gewesen sei und somit der Erbfolge im Wege stehe, wurde zurückgewiesen.

Kabinettsminister von Oertzen überbrachte dem Regentenpaar am 9. Juli offiziell den Schiedsspruch und machte deutlich, dass die Aussichten auf eine Veränderung der Lage äußerst gering seien. Am Abend desselben Tages begann man zu packen. Viktoria war außer sich vor Enttäuschung und Zorn: „... dass die Biesterfelds die Schlacht gewonnen haben – wir können es nicht glauben – erscheint uns wie ein schlechter Traum", und weiter heißt es in dem Brief an die Mutter vom 7. Juli 1897, „es ist wirklich ein trauriges Zeichen der Zeit, wenn Schuhmacher und Konditoren Fürsten werden können!!"[99] Den Schuldigen für ihr „Elend" sah sie eindeutig in dem König von Sachsen, denn „er haßt die Preußen. Er allein hätte es verhindern können, aber er wollte nicht, weil er ein Freund der „Biests" war und ihnen bereits Zusagen gemacht hatte..."[100] Die „Biests" waren in Viktorias Augen zudem gewöhnlich und ungeschliffen. Die Vorstellung, dass diese „brutes" nun ihr schönes Heim beziehen sollen, war für sie unerträglich. Und noch schlimmer war für eine königliche Prinzessin der Gedanke, dass „die Beasts Fürsten und ihre ungehobelten Söhne und Töchter Prinzen und Prinzessinnen werden".[101]

In einem bewegenden letzten Erlaß[102] verabschiedete sich Prinz Adolf am 10. Juli 1897 von seinen Untertanen:

„...Indem wir der Bevölkerung des Landes hiermit kundgeben, dass **Unsere Regentschaft...mit dem heutigen Tage ihr Ende erreicht,** ist es uns ein Bedürfnis, auszusprechen, mit wie großer Genugthuung und Freude Uns bei der Ausübung Unserer Regentenpflichten stets die Wahrnehmung erfüllte, dass die weitesten Kreise des Landes Unseren auf das Gedeihen und die Wohlfahrt des Ganzen gerichteten Bestrebungen in treuer Zuversicht ihre unterstützende Mitwirkung schenkten.

Möge das Lipperland zu einer reichen Entfaltung aller seiner Kräfte aufblühen, möge ihm in jeder Beziehung eine glückliche Zukunft beschieden sein!

Mit diesem aufrichtigen Wunsche, der bisher Unsere Handlungen bestimmte und in der Stunde des Abschieds Unserem Herzen von neuem entquillt, begleiten Wir auch fernerhin die Geschicke des Landes und seiner Bewohner!

Adolf, Prinz zu Schaumburg-Lippe
Regent des Fürstenthums Lippe

Schweren Herzens verließen Adolf und Viktoria am 11. Juli Detmold und wandten sich, da die Frage des zukünftigen Wohnsitzes noch ungeklärt war, zunächst nach Bückeburg. Dort hofften sie, etwas Abstand von den zurückliegenden Ereignissen zu gewinnen. Und dann? Nach England? Dagegen sträubte sich Adolf. Also doch lieber nach Bonn zurückkehren? Sicher, zunächst ja, man habe dort noch etwas „Krimskrams", um den man sich kümmern müsse, aber, so fragt sich Viktoria, „was bedeutet denn Bonn jetzt noch für uns? Die Leute dort sind nicht die Unserigen – unsere Zukunft ist für immer dahin..."[103] Wieder einmal sah sich Viktoria um ihr Lebensglück betrogen. Von der Detmolder Regentschaft hatte sie sich Erfüllung und die ersehnte Standeserhöhung versprochen. „Aber das ist jetzt vorbei und wir mussten gehen und hier [in Bonn] ein zurückgezogenes Leben führen". Enttäuschung und Bitterkeit sprechen aus diesen Zeilen.[104]

Ähnlich beschrieb Prinz Adolf die Stimmung in einem Brief an seine Schwiegermutter: „Es war ... eine schwere Zeit für uns, die auch leider Vicky angegriffen hat. Die ganze Sache ist mir immer noch unbegreiflich und wohin soll so ein Spruch führen. Ein böses Zeichen unserer Zeit."[105]

Schadenfreude kam bei der älteren stets zu übler Nachrede neigenden Schwester Charlotte von Sachsen-Meiningen auf. „Die Auseinandersetzungen über die Detmolder Regentschaft belustigen mich ungemein", teilte sie ihrer Stief-Schwiegermutter, der Freifrau von Heldburg, mit, „unser gemeinsamer Freund Biesterfeld holt mächtig auf... und ich muß lachen, wenn ich daran denke, wie der alte Knabe in Berlin wütet".[106]

Der Kaiser mischt sich ein

Der „alte Knabe", Kaiser Wilhelm II., vermittelte jedoch eine gewisse Zuversicht. Er schickte ein „wundervolles" Telegramm an seinen Schwager, in dem er ihm seine Unterstützung zusicherte. Schließlich müsse jemand den Mut haben, diesen Skandal zu beenden. Damit wurden Hoffnungen geweckt, die Biesterfelds doch noch von der Thronfolge ausschließen zu können, denn „einen würdigeren Herrn und auch Herrin [als Adolf und Viktoria] wird Detmold nie wieder erhalten."[107] Kaiser Wilhelm verweigerte dem neuen Regenten jede Begrüßung und wies die Offiziere seiner Detmolder Garnison an, jedwede einem Landesfürsten zustehende Ehrenbezeigung zu unterlassen.

Prinz Adolf sah, ermutigt durch kaiserliche Unterstützung, noch eine letzte Chance, seinen Anspruch auf den lippischen Thron durchzusetzen. Das Schiedsgericht hatte zwar das Erbfolgerecht des Grafen Ernst, nicht jedoch das seiner aus der Ehe mit der Gräfin Karoline von Wartensleben stammenden Nachkommen anerkannt. Hierauf stützte sich Adolf und bestritt nunmehr die Standesgemäßheit dieser Ehe, und damit die Ebenbürtigkeit und das Erbfolgerecht der daraus hervorgegangenen Nachkommenschaft. (Graf Ernst und seine Gemahlin hatten sechs Kinder, drei Söhne und drei Töchter.) Zur Feststellung der Rechtslage rief er den Bundesrat an. Dieser zögerte jedoch eine endgültige Entscheidung bis zum Anfall der tatsächlichen Thronfolgefrage, also bis zum Tode des kranken Fürsten Alexander, hinaus.

Als Graf Ernst zur Lippe-Biesterfeld als „Grafregent" am 26. September 1904 starb, übernahm sein Sohn Leopold unter heftigem Protest der Linie Schaumburg-Lippe die Regentschaft. Noch am selben Tage meldete Kaiser Wilhelm telegraphisch seinen Widerspruch an: „Da die Rechtslage in keiner Weise geklärt ist, kann ich die Regentschaftsübernahme Ihrerseits nicht anerkennen. Ich lasse auch das Militär nicht vereidigen."[108] Der Streitfall wurde nach dem Tode des regierungsunfähigen Fürsten Alexander am 13. Januar 1905 dem Reichsgericht vorgelegt. Dieses entschied am 25. Oktober 1905 zugunsten Leopolds, der daraufhin als Fürst Leopold IV. die Regierung übernahm. Damit war für Viktoria der Traum von einer Krone zum zweiten Mal ausgeträumt.

8. Kapitel
Schicksalsschläge

Rückkehr nach Bonn

„So bezogen wir wieder unser altes, liebes Haus in Bonn und Adolf wandte sich wieder seiner militärischen Laufbahn zu", mit dieser nüchternen Feststellung kommentierte Viktoria ihre Rückkehr nach Bonn. Das „alte, liebe Haus", die Villa Löschigk, erwies sich jedoch als äußerst renovierungsbedürftig. Man beschloß also einen gründlichen Um- und Ausbau der Villa zu einem ansehnlichen Stadtwohnsitz, der dann den Namen „Palais Schaumburg" tragen sollte. Während des Umbaus wohnten Viktoria und Adolf, sofern sie nicht auf Reisen waren, in verschiedenen Bonner Hotels, zunächst für längere Zeit im Hotel Kley, später auch im Hotel Royal. Die ehemalige Villa wurde um zwei neue Flügel erweitert, die Räume mit kostbaren Möbeln und Bildern ausgestattet, englische Tapeten schmückten die Wände.

Am 28. Januar 1898 erfolgte der offizielle Umzug und ab dem 29. Januar trugen die Briefe den stolzen Briefkopf *„Palais Schaumburg"*. Gleich der erste Brief ging an die Mutter: „ Jetzt sind wir angekommen und es ist ein Glücksgefühl ein Stück Erde zu besitzen, von dem wir sagen können, es gehört uns."[109] Das mit erlesenem Mobiliar und Kunstgegenständen aus verschiedenen Epochen repräsentativ ausgestattete Palais Schaumburg wurde in den nächsten Jahren zu einem anziehenden Mittelpunkt Bonns.

Ein Regimentskamerad Adolfs, Alexander von Salviati, erhielt 1904 die Stelle als Chef der Hofhaltung, die er bis zu seinem Tode mit großer Gewissenhaftigkeit versah. Baronesse Elsa von Blücher, die Viktoria bereits auf ihrer Hochzeitsreise begleitet hatte, wurde wieder als Hofdame eingestellt. Bis zu deren Tod blieb sie eine treue Freundin und Vertraute der Prinzessin.

Bonn war aus zeitgenössischer Sicht „eine kleine, etwas verschlafene Stadt. Ihre beste Einrichtung war die Nachrichtentrommel. Jeder kannte jeden, und es gab Schwerpunkte des gesellschaftlichen Klatsches, einer davon war die Schwester des Kaisers."[110] Viktoria war dieser Art der Unterhaltung durchaus nicht abgeneigt. Das Leben in Bonn zeigte sich also zunächst von seiner angenehmsten Seite. Als Kaiserschwester war sie Mittelpunkt und ungekrönte Königin zahlloser Festbälle. „Wenn man mit ihr tanzte", so schrieb Hans von Wedderkop in seinem „etwas anderen" Reiseführer: „Was nicht im Baedeker steht", „so flogen die Röcke mit einem Temperament, das weder hohenzollernsch, noch englisch war und vor allem nicht preußisch-höfisch. In diesen fliegenden Röcken deutete sich symbolisch gesprochen sozusagen die spätere Zukunft der Prinzessin an".[111]

Die folgenden Jahre wurden überschattet von der Sorge um den Gesundheitszustand der Mutter. Kaiserin Friedrich litt seit ihrer Jugend immer wieder unter verschiedenen, häufig nicht eindeutig zu diagnostizierenden Neuralgien, rheumatischen Beschwerden, Kopfschmerzen und Augenentzündungen. Seit Beginn des Jahres 1898 verschlimmerten sich die schmerzhaften Leiden zusehends. Während eines Schottlandaufenthaltes vertraute sie ihrer Tochter Moretta an, sie fürchte an einer unheilbaren Krankheit zu leiden und werde niemals wieder imstande sein, ihr geliebtes Vaterland zu besuchen.[112] Auch ein Aufenthalt in Marigola, einem kleinen Ort am Mittelmeer, brachte nicht die erhoffte Linderung.

Im darauf folgenden Winter fuhr Moretta zum ersten Mal alleine nach Berlin, um, der Familientradition folgend, am 27. Januar 1899 den vierzigsten Geburtstag des Kaisers festlich zu begehen. Ohne ihre Mutter in Berlin zu sein, war für Moretta ein bedrückendes Gefühl. Heimatlos kam sie sich vor beim Anblick der geschlossenen Räume der Mutter im Berliner Schloss. Der allgemeine Trubel während des Berlinaufenthaltes bot auch wenig Möglichkeit zu vertrauten Gesprächen mit Geschwistern und Verwandten. Zu ihrem Missfallen tobten selbst die Kinder der geladenen Gäste bis zum Morgengrauen im Schloß umher. Erleichtert brach sie am 9. Februar wieder nach Bonn auf.

Tod der Mutter

Am 5. August 1901 starb Kaiserin Friedrich auf Schloss Friedrichshof. Sie wurde im Potsdamer Mausoleum neben der Friedenskirche an der Seite ihres Mannes beigesetzt. Moretta hatte damit ihren seelischen Halt verloren. In ihren Memoiren gibt sie Aufschluß über ihre Gefühle: „Nach dem Tode meiner Mutter schien das Leben ein ganz anderes Aussehen gewonnen zu haben; ich glaubte nicht, dass ich jemals über den Verlust hinwegkommen würde. Sie war immer die liebevollste Mutter gewesen, und ich hatte als die älteste der drei Schwestern, welche mit ihr lebten, während all ihrer Leiden den engsten Kontakt mit ihr bekommen. Auch nach meiner Verheiratung verbrachte ich soviel Zeit wie nur irgend möglich in ihrer Gesellschaft; niemals waren wir längere Zeit getrennt."[113]

Die Mutter war Mittelpunkt in Morettas Leben, sie war engste Vertraute und Stütze in schwierigen Lebenslagen. Mit ihrem Tod schien Moretta ihren seelischen Halt verloren zu haben.

„Die Sintflut des Weltkrieges"

Die ersten Sommerwochen des Jahres 1914 gingen ruhig und träge dahin. Selbst die Nachricht von der Ermordung des österreichischen Thronfolgers Franz Ferdinand und seiner Gemahlin am 28. Juni 1914 in Sarajewo erregte nur mäßiges Interesse. Der Attentäter war ein serbischer Nationalist, der, so wurde vermutet, mit der serbischen Regierung in enger Verbindung stand. Man empfand Mitleid mit dem alten Kaiser Franz Joseph, der schon seinen Sohn, den Kronprinzen Rudolf, und seine Gemahlin Elisabeth auf tragische Weise verloren hatte, sah aber keinen Anlaß, von den üblichen Ritualen abzuweichen. Kaiser Wilhelm brach am 6. Juli 1914 mit der Yacht „Hohenzollern" zu seiner jährlichen „Nordlandreise" nach Norwegen auf. Wie gewohnt wurden Reporter an Bord gebeten, die über die dort herrschende zwanglose Atmosphäre berichteten. Besondere Würdigung fand zum Beispiel die Tatsache, dass der Kaiser den Kuchen zum Nachmittagskaffee selbst anschnitt![114] Erst als am 19. Juli die Schärfe des beabsichtigten österreichischen Ultimatums an Serbien bekannt wurde, verbreitete sich eine erhebliche Unruhe an Bord, die auch den Kaiser erfasste, doch hielt man zunächst an der geplanten Reiseroute fest. Serbien werde keinesfalls einen Krieg gegen Österreich riskieren, mit dieser Einschätzung beruhigte man sich. Erst als am 26. Juli die Nachricht vom russischen Beistand für Serbien eintraf, wurde eiligst die Rückreise angetreten.

Viktoria und Adolf waren auch in diesem Jahr wie üblich nach Norderney gereist und hatten sich auf längere Sommerferien eingerichtet Allmählich wurden die Gerüchte über militärische Vorbereitungen allerdings dringlicher. „Krieg in Sicht" – „Die Schicksalsstunde Europas", so oder ähnlich lauteten die Schlagzeilen der Zeitungen. Anfragen in Berlin ergaben jedoch, dass kein Grund zur Besorgnis bestünde. Also blieb man. „Dann platzte mitten in der scheinbaren Ruhe die Bombe, und die Sintflut des Weltkrieges stürzte sich über die Erde."[115] Mit diesem Satz umriß Viktoria die tragischen Ereignisse, die über Europa hereinbrechen sollten. Die schlimmsten Ahnungen wurden zur Gewissheit. Am 28. Juli 1914 erklärte Österreich-Ungarn Serbien den Krieg, in den ersten Augusttagen gingen Kriegserklärungen des Deutschen Reiches an Russland und Frankreich, Großbritannien folgte mit Kriegserklärungen an Deutschland und Österreich-Ungarn. Ende des Jahres 1914 befanden sich bereits zehn Staaten, darunter auch Japan, im Kriegszustand, weitere Mächte folgten.

Die trotz allem noch weit verbreitete Ruhe in der Bevölkerung trog. Kleine Anzeichen deuteten bereits auf Veränderungen hin. In den Zeitungen mehrten sich Anzeigen, die Ausrüstungen „für den Feldzug", „feldgraue Gummipelerinen", „Feldwäschesäcke" und ähnliches anboten, aber auch Trauerstoffe und Trauerhüte. Die offizielle Sichtweise war eine andere: „Wir hauen uns durch! Erfolgreiches Vorgehen der deutschen Heere in Frankreich und

Belgien." So die Schlagzeile des Bonner „Generalanzeigers" vom 2. Oktober 1914. Immer häufiger erscheinen aber auch Anzeigen, in denen Kriegstrauungen oder Eheschließungen „in aller Stille" bekannt gegeben werden. Und auch schon zu Beginn des Krieges häufen sich die Nachrichten über den „Heldentod" junger Männer.

Das neue Medium „Film" (damals noch Stummfilm) nimmt sich dieses Themas in eigener Weise an. Das „Metropol – Theater" in Bonn zeigt in seinem neuen „Glanzprogramm" den Film: „Kriegsgetraut" und gibt folgende Kommentierung dazu: „Dieser herrliche Film stellt in eindrucksvoller äußerst packender Weise ein patriotisches Lebensbild aus unserer Zeit dar."[116]

Ein Bruderkrieg?

Gleich in den ersten Kriegstagen wurde Prinz Adolf als General der Kavallerie dem Kommando des 8. Armeekorps an der Westgrenze zugeteilt. Viktoria errichtete mit Hilfe des Roten Kreuzes ein kleines Lazarett in Bonn. Was ihr jedoch mehr zu schaffen machte als die wohl mehr gelegentliche Pflege der Verwundeten, war der Gedanke, dass Blutsverwandte gegeneinander kämpften. Ihre Brüder waren von nun an Feinde ihrer englischen Vettern, das Heimatland ihrer Mutter – Feindesland! „Ich glaube nicht, dass die meisten Menschen sich vorstellen können, was es heißt, in einer solchen Zeit und in einem solchen Kriege königliche Prinzessin zu sein." Wie häufig betonte Viktoria auch in diesem Fall ihre herausgehobene Stellung und beschrieb das von ihr als einzigartig empfundene Leid: „Das Vaterland ist uns teuer wie ein Glied des eigenen Körpers und unsere Verwandten müssen natürlich die ersten sein, die zu ihren Regimentern stoßen. Dazu kommt aber die Tragödie des Kampfes von Blutsverwandten gegeneinander, von Blutsverwandten, mit denen wir viele sorglose Stunden verbracht haben, Menschen, die wir innigst liebten und die nun alle in die Hölle des Krieges geworfen waren, um gegeneinander zu fechten."[117]

Viktorias englischer Vetter, König Georg V., hatte kurz vor Kriegsausbruch in einem Telegramm einen „persönlichen Appell" an Kaiser Wilhelm gerichtet und ihn beschworen, „den Weltfrieden zu sichern". Als jedoch die Kämpfe begannen, ließ er keinen Zweifel daran, dass es die vornehmste Pflicht seiner Familie sei, auf der Seite der britischen Nation zu stehen, und nicht im internationalen Netz verwandter Königsfamilien. 1917 änderte er seinen Familiennamen „von Sachsen-Coburg-Gotha" in „Windsor" um, den Namen, den die englische Königsfamilie bis heute trägt. Auch die Battenbergs, Beatrice, die jüngste Tochter der Queen Victoria war mit Heinrich von Battenberg verheiratet, nannten sich von da an „Mountbatten. Gleichzeitig legten alle Mitglieder des englischen Königshauses demonstrativ sämtliche „deutschen Ehrenbezeichnungen, Würden, Titel und Ernennungen" ab. [118]

Prinz Adolfs Tod

Adolf blieb auch während des nächsten Kriegsjahres an der Westfront. Die Silberhochzeit am 19. November 1915 mußte Viktoria ohne ihren Gemahl im Kreise ihrer Schwestern Margarethe und Charlotte in Friedrichshof im Taunus verbringen. Die Stimmung war gedrückt. Der Krieg machte vor niemandem halt. Viktorias Schwager, Prinz Friedrich Karl von Hessen, kehrte bereits in den ersten Kriegsmonaten schwer verwundet aus Frankreich zurück. Sein zweitältester Sohn Maximilian fiel im Oktober 1914 in Flandern. Der älteste Sohn Friedrich Wilhelm, im September 1914 bereits schwer verwundet, starb am 12. September 1916 in Rumänien. Die erlittenen Verluste lasteten schwer auf den Eltern sowie auf der gesamten Familie. „Der psychische Zustand meiner Frau [Margarethe] bedrückt mich," schrieb Prinz Friedrich Karl an seinen Schwager Kaiser Wilhelm II., ..."meine schwere Krankheit, die Aufregungen der Zeit überhaupt, haben ihre...Widerstandsfähigkeit erschüttert. Sie ist nicht mehr dieselbe wie vordem.."[119]

Bange Ahnungen quälten auch Viktoria. Prinz Adolf galt als tapferer und pflichtbewusster Soldat. „Der Prinz ist während des ganzen Feldzuges an der Front gewesen und hat sein Leben oft im Schützengraben aufgeopfert", heißt es in einem Kriegsbericht an den geheimen Regierungsrat Bercken in Bückeburg vom 2. Oktober 1915.[120] Während des nächsten Frühjahrs machten sich die Kriegsanstrengungen bei dem sechsundfünfzigjährigen Prinzen bemerkbar, er kehrte sehr geschwächt nach Bonn zurück und starb am 9. Juli 1916 in einem Bad Godesberger Sanatorium. Herzlähmung wurde als Todesursache angegeben. Der regierende Fürst von Schaumburg-Lippe, Adolfs Neffe, der eilends herbeigekommen war, hatte ihn nicht mehr bei Bewusstsein angetroffen. Der Sarg des Verstorbenen wurde unter Anteilnahme der Bevölkerung in einem Trauerzug durch die Hauptstrassen der Stadt Bonn getragen und dann nach Bückeburg überführt, wo er unter Fackelbegleitung im Mausoleum beigesetzt wurde. Viktoria trauerte aufrichtig um ihn: „Er war ein Man von ungewöhnlichem Charme und großer Herzensgüte, freundlich, ritterlich und ganz selbstlos. Jedermann hatte ihn geliebt und geachtet."[121] Diese Charakteristik findet sich auch in verschiedenen Nachrufen wieder. „Sein schlichtes Wesen liebte es nie, besonders in die Öffentlichkeit zu treten", so hieß es in der Schaumburg-Lippischen Landeszeitung vom 10. Juli 1916, die auch seine Volkstümlichkeit besonders hervorhob: „Er verkehrte auch in Bonn am liebsten als Bürger unter Bürgern. Jedermann kannte ihn dort, wenn er mit Offizieren seines Regiments...im „Alten Hähnchen" beim Kruge Münchener saß oder auf der Straßenbahn durch die Stadt fuhr."

Viktorias und Adolfs Ehe war nicht so unglücklich verlaufen wie manche Zeitgenossen vermuteten. Ritterlichkeit und Fürsorge prägten seinen Charakter ebenso wie sein unprätentiöses Verhalten. Und hier ist wohl auch ein gewisser Zwiespalt in den Empfindungen Viktorias ihrem Ehemann gegenüber zu suchen. Adolf hegte keinerlei Ehrgeiz, höhere oder einflussreichere Stellungen anzustreben. Nach dem Scheitern der Lippischen Regentschaft kam Ende 1897 die Überlegung auf, Adolf könne eventuell nach der Vertreibung der Türken von der Insel Kreta den dort neu zu schaffenden Posten eines Oberkommissars übernehmen. Adolf lehnte ab, er habe genug von derart unbestimmten und schwierigen Positionen wie derjenigen in Detmold. Also müssen wir uns fügen und weiterhin „zurückgezogen leben," so der Kommentar Viktorias.[122]

Ein weiterer Versuch Kaiser Wilhelms dem Prinzen Adolf den glanzvollen und hochdotierten Statthalterposten für Elsaß-Lothringen in Straßburg zu verschaffen, scheiterte an dem Widerstand der Hofkamarilla. „Sollte der Kaiser in der Tat diesen Plan ausführen", vermerkte Graf Waldersee im April 1900 voller Empörung in seinem Tagebuch, „so würde sich doch ein Sturm der Entrüstung entfachen. Ich meine die Deutschen Fürsten müssten sich dagegen auflehnen, dass ein so gänzlich unfähiger Mann wie der Prinz Adolf Schaumburg einen der wichtigsten Posten im Reiche erhält."[123]

Auch damit hatte sich Viktoria schweren Herzens abzufinden.

9. Kapitel
Das Ende der Dynastien

Ein umstrittenes Testament

Nach dem Tode Prinz Adolfs wurde der Bückeburger Hof von dem Vorliegen eines gemeinschaftlichen Testaments überrascht, laut dessen Prinzessin Viktoria die alleinige Erbin ihres Gemahls geworden sei. Die gerichtliche Eröffnung des Testaments, das, wie sich herausstellte, beim Landgericht Bückeburg hinterlegt worden war, fand am 14. Juli 1916 im Bückeburger Schloss statt. In dem gemeinschaftlichen Testament vom 28. Juli 1905 hatten Prinz und Prinzessin Adolf sich nicht nur „gegenseitig als Alleinerben" eingesetzt, sondern auch über das „Uns zugehörige Palais Schaumburg zu Bonn" verfügt. Es soll dem Überlebenden zum „vollen Eigentum" zufallen. Diese Regelung widersprach sowohl dem Ehevertrag wie auch dem mit Auflagen versehenen Kaufvertrag, wonach das Palais Eigentum des fürstlichen Hauses sei und bleibe. Ob nun die allgemeine Trauer oder schon die Kriegswirren eine Rolle spielten, jedenfalls wurde von der Fürstlichen Hofkammer kein Einspruch eingelegt und Prinzessin Viktoria zu Schaumburg-Lippe wurde als alleinige Eigentümerin im Grundbuch eingetragen. Jahre später wurde diese Angelegenheit Gegenstand umfangreicher Rechtsgutachten.

Untergangsstimmung

Viktoria beklagte in Briefen immer wieder die Monotonie ihres Daseins, ihre „traurige Existenz" und die niederdrückende Einsamkeit. Es gab nichts, was sie aufheitern konnte. Verstärkt wurden diese düsteren Stimmungen durch Nachrichten von den Kriegsschauplätzen. An der französischen Front hatte sich der Kampf um Verdun fast über das ganze Jahr 1916 hingezogen und beiden Seiten schwerste Verluste zugefügt. Der U-Boot-Krieg, der England niederzwingen sollte, erwies sich als Fehlschlag und provozierte 1917 den Kriegseintritt der Vereinigten Staaten von Amerika. Die Balkanfront brach im Herbst 1918 zusammen. Die lange Dauer des Krieges wirkte sich auch auf die inneren Verhältnisse in Deutschland aus. „Das Dunkel, das über uns lastete, wurde immer dichter. Dunkle Gerüchte wurden überall verbreitet, dass es nicht gut stünde und dass die Truppen unzufrieden seien und nicht mehr gehorchten. Ihr Mut war durch die Länge des Krieges und den unaufhörlich wachsenden Mangel an allem Notwendigen gebrochen".[124] So beschrieb Viktoria die beklemmende Stimmung in der zweiten Hälfte des Kriegsjahres 1918. Die Bevölkerung hatte zwei harte Hungerzeiten, die berüchtigten „Kohlrübenwinter", hinter sich und sehnte sich nach Frieden. Hunderttausende demonstrierten auf den Straßen Berlins für ein rasches Kriegsende. Und doch schöpfte Viktoria noch einmal Hoffnung. „Max Baden scheint Reichskanzler zu werden – würde mich sehr freuen!"[125] schrieb sie Anfang Oktober an ihren Neffen, den Fürsten Adolf zu Schaumburg-Lippe. Der badische Thronfolger, Prinz Max von Baden, der als liberal gesinnt galt, war auf Druck der Obersten Heeresleitung am 3. Oktober 1918 von Kaiser Wilhelm II. zum Reichskanzler berufen worden. Es war ein letzter Versuch, Unruhen in der Bevölkerung zu dämpfen. Der wachsende Unmut machte jedoch auch vor der Person des Kaisers nicht halt, auch wenn man sich das in Hofkreisen lange nicht vorstellen konnte. „Das S.M. [Seine Majestät] im Volk unbeliebt sein soll, ist sicher falsch – auf alle Fälle im Rheinland. Leichtsinnig mag der Rheinländer sein – aber königstreu!" So sah es Viktoria noch am 26. Oktober 1918.[126]

Und auch zehn Jahre später hatte sich an ihrer Meinung wenig geändert: „Alle Hochgestellten müssen Verleumdungen von seiten ihrer Feinde erdulden, da sie auch dann falsch beurteilt werden, wenn sie sich bemühen, nach Kräften zum Wohle des Ganzen tätig zu sein. Das wissen wir alle; trotzdem ist es mir, die ich meinen Bruder mit seinem Verantwortungsgefühl und seiner echten Menschenliebe kenne, fast unerträglich, dass das ganze Gewicht des großen Unglücks, das die Welt jemals betroffen hat, auf ihn gelegt wird, und das man versucht, aus ihm eine Art von blutdürstigem Tyrannen zu machen, der er nie gewesen ist, er ist höchstens impulsiv, aber nicht tyrannisch".[127]

Der Kaiser dankt ab

Prinz Max bemühte sich redlich, die drohende Katastrophe abzuwenden oder doch wenigstens zu mildern. Er richtete ein Friedensangebot an den amerikanischen Präsidenten Wilson, verfügte die Einstellung des U-Boot-Krieges und setzte sich für eine Verfassungsänderung ein. Diese sogenannte „Oktoberverfassung" vom 28.10.1918 räumte dem Parlament mehr Kontrollfunktionen gegenüber der Regierung ein. Alle diese Versuche blieben jedoch vergeblich; die revolutionäre Entwicklung ging über sie hinweg. Die zunächst von den Matrosen in Wilhelmshaven und Kiel ausgehenden Meutereien griffen immer mehr auf die großen Städte des Binnenlandes über. Um die Krone zu retten, kamen auch überzeugte Monarchisten zu dem Schluß, dass Kaiser Wilhelm II. zurücktreten müsse. Selbst der Führer der Sozialisten, Friedrich Ebert, war ähnlicher Ansicht: „Wenn der Kaiser nicht abdankt, dann ist die soziale Revolution unvermeidlich", äußerte er Prinz Max von Baden gegenüber, „ich will sie ja nicht, ja ich hasse sie wie die Sünde."[128] Prinz Max von Baden war ebenfalls zu der Überzeugung gelangt, dass die Monarchie nur durch Abdankung des Kaisers gerettet werden könne. Vergeblich versuchte er am Vormittag des 9. November 1918 den Kaiser zum Rücktritt zu bewegen. Um die aufgebrachten Massen zu beschwichtigen und einem revolutionären Umschwung zuvorzukommen, verkündete er um 12 Uhr mittags eigenmächtig die Abdankung des Kaisers. Er sah in der Einsetzung einer Regentschaft für Prinz Wilhelm, den zwölfjährigen Sohn des Kronprinzen, den letzten Versuch, die Monarchie zu erhalten. Vergebens! Resigniert übergab Prinz Max die Kanzlerschaft an den Führer der Sozialdemokraten Friedrich Ebert. Die Ereignisse beschleunigten sich und sind im einzelnen kaum noch exakt zu rekonstruieren. Um 14.00 Uhr desselben Tages rief der Reichstagsabgeordnete Philipp Scheidemann, ebenfalls Sozialdemokrat, ohne die Zustimmung Friedrich Eberts einzuholen, vor dem Reichstagsgebäude die „Deutsche Republik" aus. Ihn leitete hierbei vor allem die Sorge vor dem Radikalismus der sozialistischen Linksgruppen, denen er durch diesen Aufruf den Wind aus den Segeln nehmen wollte. Es nützte wenig. Zwei Stunden später, um 16.00 Uhr, proklamierte der radikale Sozialist Karl Liebknecht von einem Balkon des kaiserlichen Schlosses aus die „Freie Sozialistische Republik". Vor diesem Hintergrund in Berlin sah Kaiser Wilhelm II. zunächst keine Chance mehr, die Monarchie zu retten. Die Stimmung im militärischen Hauptquartier in Spa wurde zunehmend von der Sorge um die persönliche Sicherheit des Monarchen beherrscht. Revolutionäre Truppen seien im Anmarsch auf Spa, so lauteten die jüngsten Nachrichten, Zweifel tauchten auch an der Zuverlässigkeit der kaiserlichen Leibwache auf. Dem Drängen seiner Ratgeber folgend entschloß sich Kaiser Wilhelm, wenn auch widerstrebend, zur Flucht. Im Morgengrauen des 10. November 1918 erschien am kleinen belgisch-holländischen Grenzübergang bei Eijsden ein gespenstischer Autokonvoi. Der Deutsche Kaiser hatte aus Furcht vor einem Überfall der eigenen Soldaten das Hauptquartier in Spa fluchtartig verlassen und hoffte auf Asylgewährung in Holland. Königin Wilhelmina von Holland hatte, das Schicksal der ermordeten Zarenfamilie vor Augen, eine solche Möglichkeit vage in Aussicht gestellt. Kurz vor Mitternacht des 10. November erhielt Wilhelm die erlösende Nachricht von der Asylbestätigung. Einen Tag später, am 11. November 1918, wurde in einem Eisenbahnwaggon im Wald bei Compiègne ein Waffenstillstand vereinbart, der erhebliche Belastungen für das Deutsche Reich vorsah. Kaiser Wilhelm II. verzichtete am 28. November 1918 offiziell auf seine Throne, den des preußischen

Königs sowie den des Deutschen Kaisers. 1920 bezog er seine Exilresidenz Haus Doorn unweit der deutsch-niederländischen Grenze.

Der Kaiser dankte es denjenigen, die sich bis zuletzt für den Erhalt der Monarchie eingesetzt hatten, schlecht. Immer wieder forderte er von seinem Exil aus die Hinrichtung der „Revolutionsführer", die ihn vom Thron vertrieben hätten. Dazu gehörte für ihn durchaus auch ein Teil des Adels. Wutschnaubend entrüstete er sich im Mai 1919 zum Beispiel darüber, dass der „Erzverräter" Max von Baden noch am Leben sei. Und den Reichspräsidenten Friedrich Ebert wolle er einmal „in Ketten über die Linden führen". [129] Noch mehr empörte er sich über das Deutsche Volk: „Gemein, niederträchtig, erbärmlich, eine Bande von Schuften."[130] Trotz allem sehnte er sich jedoch danach, so bald wie möglich wieder Kaiser dieses Volkes zu werden, denn „dem Volke müsse von Gott der Führer gegeben sein, der dann auch wieder der Mittler zwischen dem <Herrn> und dem Volk sei… und dieser Führer könne immer nur einer sein, eben der von Gott gegebene König!"[131]

Das Schicksal der einzelnen deutschen Fürstenhäuser war 1918 zunächst ungewiß. „Daß du bleiben kannst, freut mich aufrichtig – möge es so bleiben", schrieb Viktoria noch am 13. 11. 1918 an ihren Neffen, den Fürsten Adolf zu Schaumburg-Lippe, „in Meiningen haben sie abdanken müssen, höre ich eben! Die Bonner sind heldenmütig und treu, das tröstet mich in meiner Einsamkeit und Trauer". Zwei Tage später, am 15. November 1918, trat auch Fürst Adolf als einer der letzten deutschen Monarchen zurück. Das Land Schaumburg-Lippe erklärte sich zum Freistaat. Der besiegte Kaiser hatte sich ebenso seinem Schicksal gebeugt. „Wilhelm wird sich in jede Situation hineinfinden – und auch jetzt den richtigen Weg gehen, sowie alle gehen müssen", stellte Viktoria voller Resignation fest.[132] „Einen anderen Monarchen als meinen Bruder möchte ich nicht erleben".

Anders fiel das Urteil aus englischer Sicht aus. Weder König Georg V. noch Königin Mary, eine geborene Prinzessin von Teck, verziehen dem Kaiser jemals das, was sie als seine persönliche Verantwortung für den Ausbruch des Ersten Weltkrieges ansahen. Als sie von seiner Abdankung am 9. November 1918 erfuhren, beschrieb Königin Mary dies „als Akt der Vergeltung für den Mann, der diesen schrecklichen Krieg begonnen hat".[133] Man warf ihm vor, nach der Weltherrschaft gegriffen und zu diesem Zwecke eine gewaltige Militärmaschinerie aufgebaut zu haben. König Georg V. betrachtete ihn deshalb als „den größten bekannten Verbrecher".[134]

10. Kapitel
Ein fast bürgerliches Dasein

Besatzungszeit

Das Waffenstillstandsabkommen von Compiègne beinhaltete neben anderen Bestimmungen erhebliche territoriale Verschiebungen. Deutschland musste Elsaß-Lothringen innerhalb von 15 Tagen räumen. Das linke Rheinufer sollte ebenfalls geräumt und anschließend von den Alliierten besetzt werden. Rechts des Rheins war eine 35 Kilometer breite entmilitarisierte Zone vorgesehen. Die deutschen Truppen, geschlagen und ermattet, zogen sich in schier endlosen Märschen zurück. Viktoria richtete sich noch einmal an der von ihr beobachteten Kaisertreue der Soldaten auf: „Gestern [4.12.1918] zogen dann die letzten Truppen bis morgens früh 3 Uhr hier durch – die Begeisterung steigerte sich von Stunde zu Stunde, ganz Bonn war auf. Auf dem Kaiserplatz fanden Paradenmärsche statt, die Offiziere hielten monarchische patriotische Reden auf den Kaiser..."[135]

Aller bemühten Zuversicht zum Trotz schien Viktoria doch wenig Hoffnung in die weitere Zukunft zu setzen. Bereits vor Kriegsende, mit Datum vom 6. Juni 1918, hatte sie ein umfangreiches Testament aufgesetzt. Sie vermachte darin das Palais in Bonn samt sämtlichem Inventar und Silber ihrem Neffen, dem regierenden Fürsten Adolf zu Schaumburg-Lippe. Verfügungen traf sie auch über ihren Schmuck, insgesamt weit über hundert aufgezählte und beschriebene Colliers, Ringe, Armbänder, Diademe usw., die Familienmitgliedern, aber auch Hofdamen wie Elsa von Blücher und anderen Bediensteten übergeben werden sollten. Eines dieser Vermächtnisse scheint in besonderer Weise aufschlussreich zu sein, es deutet auf den schmerzhaften Verzicht hin, den Viktoria zeitlebens nicht verwinden konnte. „Ein kleines Brillantherz mit feinen Linien von blauer Emaille [und] eine Brosche, ein Band von Brillianten, daran hängend zum aushaken eine birnenförmige schwarze Perle, Geschenke des Fürsten Alexander von Bulgarien, Prinzen von Battenberg, bestimme ich meinem Vetter, dem Großherzog von Hessen mit der Bitte, beide Sachen dem hessischen Familienschmuck beizufügen".[136] Es schien, als habe Viktoria mit dem Leben abgeschlossen. Am 7. Januar 1920 erweiterte sie ihr Testament noch um genaue Bestimmungen über ihre Beisetzung. Sie wünschte in einem mit weißer Seide ausgeschlagenen braunen Sarg, angetan mit einem weißseidenen Nachthemd an der Seite ihres Mannes in Bückeburg bestattet zu werden. Ausdrücklich verbat sie sich jede Form von Trauerfeierlichkeiten in ihrem Palais.

Als Folge der in Compiègne ausgehandelten Bedingungen wurde das Palais Schaumburg unmittelbar nach Kriegsende besetzt, Zunächst von kanadischen Truppen, ab Januar 1919 ging es in englische Hände über und von November 1919 bis Januar 1926 stand es unter französischer Besatzung. Viktoria konnte unter erheblichen Auflagen in einem Flügel des Palais wohnen bleiben, kam sich aber wie eine Gefangene vor. Vor allem beklagte sie sich über die Einschränkung ihrer Bewegungsfreiheit: „Zum Beispiel durfte ich nicht mehr auf meinem Besitztum spazieren reiten, nach neun Uhr war es verboten, das Haus zu verlassen oder auch nur die Straße zu überschreiten. Identitätskarten waren notwendig; wir hatten sie alle Tag und Nacht bei der Hand. Niemand durfte ohne Paß reisen, an der Grenze des besetzten Gebietes war Zollstation. Man musste die Erlaubnis haben, um von einem Teil des besetzten Gebietes in einen anderen zu fahren."[137]

Am 17. Mai 1919 versammelten sich die Delegierten der Siegermächte Großbritannien, USA und Frankreich sowie Vertreter der mit ihnen assoziierten Staaten im Palasthotel Trianon zu Versailles, um einen Friedensvertrag auszuarbeiten. Die Bedingungen, die Deutschland gestellt wurden, waren hart. Deutschland wurde die alleinige Schuld am Ausbruch des Krieges zugewiesen. Es musste infolgedessen einschneidende territoriale Verluste und erhebliche weitere Einschränkungen hinnehmen. Das linke Rheinufer und damit auch Bonn sollte für die Dauer von 15 Jahren besetzt bleiben. Hier und in einer Zone von 50 Kilometern rechts des Rheins durften außerdem keine deutschen Truppen oder Verteidigungsanlagen untergebracht werden.

Prinz Albert, zweiter Sohn des englischen Königs Georg V., kam als Vertreter der englischen Besatzungsmacht wenige Monate nach der Unterzeichnung des Waffenstillstandes im Januar 1919 nach Deutschland. Dabei kam es auch zu einem Zusammentreffen mit Prinzessin Viktoria als der Hausherrin des Palais Schaumburg. Die angespannte Atmosphäre dieser Begegnung schilderte er in einem Brief an seinen Vater: „Sie fragte nach Dir und der Familie und hoffte, dass wir wieder Freunde würden. Ich teilte ihr höflich mit, dass ich glaube, dass dies wohl für viele Jahre unmöglich sein wird!!!" Der König erwiderte: „Deine Antwort an Kusine Vicky (die ich natürlich Zeit meines Lebens kenne) war völlig korrekt."[138] In Viktorias Memoiren liest sich das etwas anders: „Mein Vetter, der Prinz von Wales [Albert], besuchte den Generalleutnant Currie und blieb über Nacht in meinem Hause. Wir hatten eine kurze, interessante Unterhaltung."[139]

Die Schranken fallen

Trotz der Unbequemlichkeiten, die die Einquartierungen mit sich brachten, begann Viktoria sich allmählich freier zu fühlen. Rückblickend stellte sie fest, ihr ganzes Leben sei stets Rücksicht auf andere gewesen, nie habe sie das tun dürfen, was s i e gerne gewollt habe, und doch sei sie ein Mensch wie jeder andere. Nun, da die Schranken gefallen seien, wolle sie sich ohne jeden Zwang frei in der Bürgerschaft bewegen. Sie fühle sich glücklich, dass sie von allen früheren Vorurteilen befreit sich jetzt so bewegen könne, wie Herz und Verstand es verlangten.[140]

Ganz so einfach war es mit dem Ablegen von Vorurteilen in der realen Welt dann aber doch nicht. Viktoria blieb sich ihrer besonderen gesellschaftlichen Stellung stets bewusst und bemängelte bei verschiedenen Anlässen die Anwesenheit zu vieler „Frau

Buchholzens". Die damals sehr populäre Figur der Wilhelmine Buchholz verkörperte in Julius Stindes Roman: „Die Familie Buchholz" den Prototyp der zwar gescheiten, aber etwas spießigen Kleinbürgersfrau.

Die Verfassung des neuen Staates, später als „Weimarer Republik" bezeichnet, legte in Artikel 19 die Gleichheit aller Deutschen vor dem Gesetz sowie die Aufhebung standesrechtlicher Vorrechte fest.

Diese verfassungsrechtlich fixierten Vorstellungen von Freiheit und Selbstbestimmung wurden durch erhebliche gesellschaftliche Verschiebungen unterstützt. Hatte bereits mit der Industrialisierung und dem damit verbundenen Entstehen neuer Berufsgruppen ein stetiger Veränderungsprozeß der ständisch geprägten Gesellschaft begonnen, so räumte die nun nachhaltig einsetzende Demokratisierungswelle auch die letzten rechtlich fixierten Schranken hinweg. Die quasi institutionalisierten Monopole des Adels bei der Besetzung höherer Ränge in Verwaltung und Militär wurden zunehmend abgebaut. 1918 fiel in Preußen das Dreiklassenwahlrecht. Weiterführende Schulen, Universitäten und andere Fortbildungsmöglichkeiten standen allen Gesellschaftsschichten offen und ermöglichten, häufig über mehrere Generationen hinweg, sozialen Aufstieg. Adel und Großbürgertum sahen sich einer erheblichen Konkurrenz gegenüber.

Auch die tradierten Rollenbilder von Mann und Frau begannen sich aufzulösen. Das Frauenbild der zwanziger Jahre wich radikal vom betont fraulichen Image der „Gattin" des Kaiserreiches ab. Nicht mehr die eher rundlich mütterliche Frau war das Idealbild der Zeit, sondern der androgyne Typ der „Garconne", der jugendlich schlanken Frau, die Sport trieb, unabhängig war, Automobil fuhr und in Verhalten und Bewegung durchaus männliche Züge annahm. Wie man auf vielen zeitgenössischen Photos sieht, verkörperte Viktoria diesen neuen Frauentyp perfekt. Die langen Haare waren der Schere zum Opfer gefallen, man trug Bubikopf, extrem kurz geschnitten, mit halbem oder ganzem Pony. Und die moderne Frau schminkte sich. Puderdose und Lippenstift wurden zum unentbehrlichen Bestandteil der Schönheitspflege. Tänze wie Charleston oder Shimmy ließen die Rocksäume immer weiter nach oben rutschen.

Gesellschaft suchte Viktoria zunächst bei den englischen Besatzungsoffizieren, die weniger Ressentiments hegten als die königliche Familie. In ihrer Begleitung besuchte sie Kinovorstellungen in Bonn, unterhielt sich laut in englischer Sprache – und stieß auf Befremden. Viktoria, die gerne so leben wollte wie eine Bürgersfrau, fehlte aber jede Kenntnis dieser anderen Lebensform, vor allem war sie es nicht gewohnt, ihre finanziellen Möglichkeiten richtig einzuschätzen. Im Vordergrund stand eher die vergnügliche Seite des von ihr ersehnten „freien Lebens". „Will jetzt gleich zum football-match, die Kerle spielen glänzend – das ganze Militär sieht zu – die Begeisterung ist fabelhaft!"[141] schrieb sie an ihren Neffen Fürst Adolf in Bückeburg und auch, dass sie hoffe, nach einem baldigen Friedensschluß ihr Palais wieder zu bekommen, damit es gründlich gereinigt und renoviert werden könne. Diese recht unbeschwerten Vorstellungen standen in krassem Gegensatz zu ihrer tatsächlichen Lage. Noch war Viktoria Eigentümerin des Palais Schaumburg. Aber die zunehmende Geldentwertung, Steuerlasten sowie die Zahlung des zusätzlich erhobenen „Reichsnotopfers" in unerschwinglicher Höhe, machten es ihr unmöglich, die Hofhaltung auch nur in bescheidenem Maße aufrecht zu erhalten. In einer auf Betreiben ihres Kammerherren Alexander von Salviati getroffenen Vereinbarung mit der Fürstlichen Hofkammer in Bückeburg, erklärte sich Fürst Adolf Anfang 1919 bereit, Viktoria das Palais abzukaufen und ihr dafür eine feste Rente des Hauses Schaumburg-Lippe sowie ein lebenslanges Wohnrecht im Palais zuzusichern. Nach Abschluß eines förmlichen Kaufvertrages ging das Palais im Dezember 1919 in das Eigentum des Fürsten über. Eine ähnliche Regelung wurde für den Schmuck der Prinzessin, der im wesentlichen mit Mitteln des Schaumburg-Lippischen Hauses erworben worden war, getroffen. Ein Teil des Schmuckes wurde ihr zum freien Eigentum überlassen, der größere Teil blieb jedoch in fürstlichem Besitz, verbunden mit der Gewährung eines unbeschränkten Nutzungsrechts. Diese vernünftig erscheinende und zum Nutzen Viktorias ausgehandelte Regelung wurde den tatsächlichen Gegebenheiten jedoch nicht gerecht.

Angaben über die Höhe der vom fürstlichen Haus gewährten Apanage Viktorias variieren. Man kann aber davon ausgehen, dass ihr monatlich etwa 50 000 Reichsmark zur Verfügung standen.[142] Die von ihr häufig angeführte und angestrebte Lebensform einer Bürgerin sah ganz anders aus. Das monatliche Durchschnittseinkommen lag zu Beginn der Republik bei 165,24 Reichsmark. Zeitungsannoncen geben einen Einblick in die Schwierigkeiten, mit denen die „Bürgerin" zu kämpfen hatte. Sie kochte „ohne Fett" im Heißluftkessel, sie besorgte „Fleischersatz" und schneiderte nach Schnittmustern, die einen „sparsamen Stoffverbrauch" versprachen. Viktoria reiste unterdessen unbekümmert nach Florenz, Knocke oder Bansin, ohne sich Gedanken über die Kosten solcher Reisen zu machen.

Bereits im Frühjahr des Jahres 1920 wandte sich Alexander von Salviati erneut in einem verzweifelten Brief an den Fürsten Adolf: „Die Ausgaben wachsen ständig", heißt es darin, „insbesondere sind die Steuern der Stadt Bonn geradezu verheerend.... Mehr Einschränkungen vorzunehmen, wie ich seit einem Jahr durchgeführt habe, ist nicht möglich, sonst kann das Palais nicht gehalten werden.....Mir sind dazu in vielen Dingen die Hände vollkommen gebunden und mein Einfluß auf die Ausgaben, bzw. die Beschränkung derselben ist außerordentlich gering."[143] Salviati bat eindringlich um Unterstützung durch den Fürsten und sah sich zehn Tage später zu einem noch deutlicheren Schreiben gezwungen. Er appellierte an den Fürsten, seine Verantwortung für das Haus Schaumburg-Lippe wahrzunehmen, um anderen Entwicklungen zuvor zu kommen, denn „andere Einflüsse" seien schon zu stark. Welche Einflüsse Salviati meint, kann man nur erahnen. Die Presse berichtete über den „immer bunteren Kreis der Palaisgäste".[144] Viktorias Memoiren geben wenig Aufschluß über ihre Rolle in der Nachkriegszeit. Sie besaß weiterhin zwei

Reitpferde, spielte Tennis und nahm Gesangstunden. Ihre wirtschaftliche Lage geriet jedoch trotz erheblicher Zuwendungen des fürstlichen Hauses „in eine entsetzliche Unordnung", so dass sie „in jeder Beziehung schlimme und traurige Zeiten" durchzumachen hatte. Nach dem Tode Alexander von Salviatis im Jahre 1922 spitzte sich die wirtschaftliche Lage für Viktoria weiter zu. Selbst völlig unerfahren und wohl auch desinteressiert an der Erledigung geschäftlicher Angelegenheiten, suchte sie fast zwei Jahre lang nach einem vertrauenswürdigen Nachfolger. Um ihre weiterhin aufwendige Hofhaltung zu finanzieren, sah sie sich nach eigenen Angaben gezwungen, ihren Schmuck und wertvolle Einrichtungsgegenstände aus dem fürstlichen Hausbesitz zu verpfänden.[145] Die Lage war verzweifelt. „Mein Vater …hat alles Menschenmögliche getan, um die Prinzessin Viktoria, ganz besonders nach dem Tode des Prinzen Adolf 1916, vor allen Schwierigkeiten abzuschirmen", erinnerte sich später seine Tochter Prinzessin Wilhelm von Preußen, die Tragödie begann erst, als mein Vater sich nicht mehr schützend vor die Prinzessin stellen konnte."[146] Nach zwei langen Jahren gelang es Viktoria endlich, einen neuen Vermögensverwalter zu verpflichten. 1924 ernannte sie Egon Freiherr von Solemacher zu ihrem Kammerherrn. Dessen schwierige Aufgabe konnte allerdings nur darin bestehen, von dem fast „aufgelösten" Vermögen noch etwas zu retten.

Gerüchte

Die ungeordnete Situation in und um das Palais Schaumburg drang mehr und mehr in die Öffentlichkeit und ließ breiten Raum für alle möglichen Spekulationen. So wurden Viktoria Beziehungen zu Schauspielern nachgesagt und auch ein angebliches Verhältnis mit ihrem angeheirateten Neffen Adolf zu Schaumburg-Lippe regte die Phantasie der Zeitgenossen an. Glaubwürdig ist das indes nicht. Der in Bückeburg erhaltene Briefwechsel ist eher spröde und sachbezogen. Viktoria ließ sich gerne mit jüngeren Männern sehen oder ausführen, schien aber an erotischen Beziehungen kaum Interesse zu haben. Hartnäckig hielt sich jedoch allen tatsächlichen Gegebenheiten zum trotz das Gerücht von einer unmittelbar bevorstehenden Wiederverheiratung der Prinzessin. Mal wurde eine hochstehende Persönlichkeit als Heiratskandidat vermutet, häufiger jedoch jemand aus bürgerlichen Kreisen.[147] Meldungen dieser Art wurden in jedem Falle auf das Schärfste dementiert. Ein weiteres Gerücht bezog sich auf vermögensrechtliche Überlegungen. So berichtete die Deutsche Reichszeitung in ihrer Ausgabe vom 17. Februar 1925 von der ernsthaften Absicht der fürstlich schaumburg-lippischen Familie, das Bonner Palais zu verkaufen. Diese Nachricht verdichtete sich. Viktoria konnte es mit ihrer nachkriegszeitlichen Apanage tatsächlich nicht mehr ermöglichen, das große Anwesen zu unterhalten und so bemühte sich Freiherr von Solemacher um den Erwerb eines geeigneten Hauses bescheideneren Umfangs in Mehlem, Bad Godesberg oder Königswinter – ohne Erfolg! Auch für das Palais fand sich kein finanzkräftiger Käufer. Weder die Stadt Bonn noch das Corps Borussia, dessen Mitglied Prinz Adolf bis zu seinem Tode war, sahen eine Möglichkeit, diese Liegenschaft zu erwerben. So blieb die wirtschaftliche Lage für Viktoria weiterhin äußerst angespannt.

Hochzeit in Haus Doorn

Die familiären Kontakte Viktorias bezogen sich im wesentlichen auf Besuche und ausgedehnte Reisen mit ihren Schwestern Sophie und Margarethe und deren Familien. Die persönlichen Beziehungen zu Bruder und Schwägerin im niederländischen Exil scheinen eher kühl gewesen zu sein. In ihren Memoiren finden sie kaum Erwähnung. Exkaiserin Auguste-Viktoria, seit Jahren leidend, starb am 11. April 1921 in Doorn. Die Beisetzung fand im Kreise der Familie in Potsdam statt; dem Exilkaiser sowie dem Kronprinzen wurde die Teilnahme verweigert. Vierzehn Monate später überraschte der dreiundsechzigjährige Monarch seine Familie mit der Nachricht über seine, zunächst geheim gehaltene, Verlobung mit der fast dreißig Jahre jüngeren verwitweten Prinzessin Hermine von Schönaich-Carolath, Mutter von fünf Kindern. Diese Verbindung war innerhalb der Familie heftig umstritten. Man unterstellte der Prinzessin, wohl nicht zu unrecht, eine jener „hermelinwütigen" Damen zu sein, die in der Hoffnung auf eine baldige Wiederinthronisierung die Nähe des Kaisers suchten. Die Kaisertochter Viktoria-Luise, nur fünf Jahre jünger als ihre zukünftige Stiefmutter, ließ ihrer Empörung freien Lauf. Die Hochzeit fand dennoch am 5. November 1922 in Doorn statt. Die Gästeliste spiegelte das familiäre Zerwürfnis im Hause Hohenzollern wider: Anwesend waren Bruder Heinrich, sowie die Schwestern Viktoria [Moretta] und Margarethe [Mossy]. Von den noch lebenden sechs Kindern des Kaisers nahmen nur die beiden ältesten Söhne an der Zeremonie teil. Auch seine ihm von allen Kindern am nächsten stehende einzige Tochter blieb der Hochzeit aus Protest fern.

Viktoria dagegen hatte sich schnell entschlossen, an den Hochzeitsfeierlichkeiten teilzunehmen. Zum ersten Mal besuchte sie ihren Bruder im Exil. Die Hochzeitsgesellschaft war erschüttert über ihren Anblick. Man hatte sie als schlanke und aufgrund ihrer sportlichen Aktivitäten sehr frisch aussehende Persönlichkeit in Erinnerung. Der kaiserliche Leibarzt Dr. Alfred Haehner hielt das allgemeine Entsetzen über das Aussehen der sechsundfünfzigjährigen Kaiserschwester folgendermaßen fest: „Auf ihrem Gesicht steht ihr Lebenswandel so deutlich geschrieben, wie man es nur wünschen kann", man glaube, „einer Bordellwirtin gegenüber zu stehen".[148] Der Kaiser äußerte sich ebenfalls sehr schroff, das scharfe Gesicht mit der fürchterlich dicken Puderauflage empfinde er als ganz schaudervoll.

Das drastisch geäußerte Missfallen des Bruders mag zum Teil auch auf Viktorias „unhöfische", das heißt dem Zeitgeist der zwanziger Jahre entsprechende Aufmachung und Kleidung zurück zu führen sein. Nicht ganz den höfischen Vorstellungen entsprach auch Viktorias Lieblingsbeschäftigung: „Ich habe immer gern getanzt und interessiere mich besonders für die modernen Tänze, die, wie ich glaube, außer dem Vergnügen eine ausgezeichnete Übung und ein fortwährendes Training darstellen".[149] Und wie hätte man mit „züchtigen" langen Röcken „Charleston" tanzen sollen?

11. Kapitel
Eine ungleiche Liebe

Der russische „Baron"

Viktoria glaubte fest daran, dass das Schicksal ihr nach so vielen Enttäuschungen und Verzichten noch eine Art „Wiedergutmachung" schuldig sei. Und das Schicksal schien ein Einsehen zu haben! „Seit dem Tode meines ersten Gatten, des Prinzen Adolf im Jahre 1916, war...eine Reihe von Tagen einsam und lang gewesen. Das sonderbare Walten der Vorsehung hat mir nun wiederum einen lieben Gefährten geschenkt, der mein Leben mit neuem Interesse füllt und die Einsamkeit verscheucht hat...", so Viktorias Darstellung aus dem Sommer 1927.[150] Der „Gefährte", Alexander Zoubkoff, ein nach eigenen Angaben aus dem revolutionären Rußland emigrierter Baron, war eines Tages von einem nicht näher zu identifizierenden Grafen S., angeblich einem Verwandten Zoubkoffs, im Palais Schaumburg eingeführt worden. Er verstand es, durch packende und anrührende Schilderungen aus seinem Leben, die Prinzessin für sich einzunehmen und auch finanzielle Zuwendungen zu erhalten. Alexander Zoubkoff hat im Jahre 1928, wohl aus Geldnöten, unter dem Titel: „Mein Leben und Lieben" seine eigenen Memoiren veröffentlicht. Sie lesen sich wie eine Art Gaunerstück über Trunk, Glücksspiel und Liebschaften zweifelhaftester Art. Was Viktoria aber bereits zum Zeitpunkt ihrer Bekanntschaft mit Zoubkoff wissen konnte und möglicherweise nicht wissen wollte, kann man so zusammenfassen: Alexander Zoubkoff war am 25. September 1900 in Iwano Wosnesensk, ungefähr 200 km südöstlich von Moskau gelegen, geboren worden. Seine Eltern waren angeblich vermögend, aber später verarmt. Er selbst hatte keinen Beruf erlernt, hielt sich unter anderem in Moskau, Stockholm und Berlin auf, „verdiente" seinen Lebensunterhalt durch illegales Glücksspiel, war häufig mit dem Gesetz in Konflikt geraten und hatte mehrere Haftstrafen abgesessen. All diese Eckdaten seines unsteten Lebens waren durch die Presse gegangen und mit Sicherheit auch an die inzwischen einundsechzigjährige Prinzessin herangetragen worden.

Ein weiterer Vorfall gab diesen Berichten neue Nahrung: Angeblich um seine Papiere in Ordnung zu bringen, kehrte Alexander Zoubkoff, von Viktoria reich beschenkt, im Spätsommer 1927 an den Ort seines früheren Wirkens, nach Berlin, zurück. „Als ein ganz anderer Mensch traf ich in Berlin ein, als ich dasselbe verlassen hatte. Vollkommen abgerissen und mit etwa sieben Mark in der Tasche hatte ich Berlin Valet gesagt und kam nun sehr elegant und im Besitze einer vollen Brieftasche wieder zurück."[151] Bei dem Versuch sich dort auf illegale Weise einen Paß zu verschaffen, geriet der „Baron" in die Fänge der Kriminalpolizei, die ihn als „alten Bekannten" unverzüglich festnahmen und einer gründlichen Kontrolle unterzogen. Von besonderem Interesse war für die Beamten die Herkunft des wertvollen Brillantschmuckes, eines Ringes und eines Armbandes, das der Verhaftete trug. Die zunächst als äußerst unglaubwürdig eingeschätzte Erklärung, es handele sich um Geschenke der Schwester des ehemaligen Kaisers, wurde jedoch von dieser bestätigt. „Baron" Z. kam deshalb mit einer geringen Geldstrafe wegen Passvergehens davon und wurde wieder freigelassen. Er kehrte nach Bonn zurück.

Viktoria kamen auch jetzt keine Zweifel. Sie träumte weiter von einer glücklichen gemeinsamen Zukunft: „Ich habe ihn sehr lieb und weiß, dass er mich ebenfalls schätzt. Ich bin neugierig, was man über eine Heirat sagen würde..." Und zwei Tage später: „Er kam heute wieder; wir wollen zusammen essen. Ich werde mein hübschestes Kleid anziehen. .. Wir aßen zu Hause; Sascha [sein Kosename] hat um mich angehalten. Ich bin außer mir vor Freude und habe natürlich angenommen. Was werden meine Verwandten zu der Heirat sagen? Aber ich will alle Hindernisse überwinden. Ich denke nicht daran, mein und meines Bräutigams Glück der Kritik der Welt zu opfern..."[152]

Der Bräutigam machte sich weniger Sorgen um das gemeinsame Glück. In seinen Erinnerungen stellt sich die Situation so dar:

„Hier war ich nicht in Gefahr, ausgebeutet und in meiner Gesundheit geschädigt zu werden ....hier war ich wie der Besucher des Feenlandes im Märchen, der keine andere Aufgabe hat, als alle Sinne zu öffnen, um sich reich beschenken zu lassen."[153]

„Ein neues Leben"

Auf den Tag genau am 19. November 1927, siebenunddreißig Jahre nach der ersten Hochzeit am 19. November 1890, fand um 12 Uhr mittags die standesamtliche Trauung im Bonner Rathaus statt. Obwohl der Trauungstermin bis zur letzten Minute geheim gehalten worden war, um einen größeren Ansturm von Neugierigen zu vermeiden, versammelte sich bereits ab 11 Uhr eine stetig anwachsende Menschenmenge vor dem Rathaus. Der Bonner „Generalanzeiger" gibt eine genaue Schilderung: „Kurz nach halb zwölf Uhr fuhr an dem Nebeneingang, am ersten Polizeibezirk, ein grünes Auto vor. „Do sense! [da sind sie]" rief ein kluger Aufpasser. Aber er hatte nur halb wahr gesprochen; denn es war nur das Auto des Brautpaares. Das Brautpaar selbst kam zu Fuß... Im Vorübergehen lächelten beide den wartenden Bonnern freundlich zu und ließen sich mit leichtem Kopfnicken knipsen."[154]

Die kirchliche Trauung wurde am 21. November im „Roten Salon" (dem späteren Kabinettssaal) des Palais Schaumburg nach russischem Ritual von einem russischen Priester zelebriert. Die Braut, im grauen Seidenkleid, trug wie bei ihrer ersten Hochzeit den mit kostbaren Spitzen besetzten Brautschleier ihrer Mutter. Der Bräutigam erschien im Frack mit weißer Chrysantheme im Knopfloch. Von Viktorias Familie war niemand anwesend. Ihr Bruder, der frühere Kaiser Wilhelm II., hatte als Geschenk zum Hochzeitstage ein Buch übersenden lassen mit dem in diesem Zusammenhang verwirrenden Titel: „Revolution von oben – Umsturz von unten". Der Verfasser ist ein Oberstleutnant A. Niemann.

Dem ehemaligen Kaiser war das Heiratsprojekt Anfang Oktober mit der Bitte um Einwilligung vorgetragen worden. Alexander Zoubkoff frohlockte bereits, der entsandte Kurier habe in Doorn viel „Liebe und Verständnis" gefunden. Die Wirklichkeit sah jedoch anders aus. Bereits am 29. Oktober 1927 hatte die Generalverwaltung des Preußischen Königshauses sowohl das Haus Schaumburg-Lippe sowie alle Beteiligten wissen lassen, „dass seine Majestät [Kaiser und König] nach eingehender Erwägung sich veranlasst gesehen haben, der geplanten Verbindung Ihrer Königlichen Hoheit der verwitweten Prinzessin Adolf zu Schaumburg-Lippe mit dem russischen Staatsangehörigen Dworjanin Alexander Zoubkoff Allerhöchste Billigung endgültig zu versagen..."[155] Hatte vor vierzig Jahren ein kaiserliches Machtwort gereicht, um die junge Prinzessin von ihrer Jugendliebe, dem Prinzen Alexander von Battenberg, zu trennen, so bestimmte sie jetzt selbst über ihr Schicksal. „Ich begebe mich in den Schutz des Mannes, dem ich mich anvertraue, weil ich ihn schätze und achte, weil er in den furchtbaren Jahren seines jungen Lebens sich als ein ganzer Mann bewährt hat," äußerte Viktoria in einem Zeitungsinterview über ihre für viele befremdliche Ehe mit dem um vierunddreißig Jahre jüngeren Mann. „Ich sehe in meiner künftigen Ehe einen Bund schöner Kameradschaftlichkeit gegründet auf gegenseitige Achtung und Sympathie. Und deshalb bin ich stolz auf meinen Bräutigam und werde mich nie und vor niemand schämen, das getan zu haben, was ich tat."[156] Viktoria war trotz aller Widrigkeiten glücklich: „Ich fühle, dass sich ein neues Leben für mich eröffnet hat." Mit diesem Satz schließen ihre Memoiren.

Etwas andere Gedanken gingen dem siebenundzwanzigjährigen Bräutigam durch den Kopf. „Ist es Wahrheit," fragte er sich, „dass die Fürstin hier vor Dir deine Ehefrau, ist es Wahrheit, dass du nunmehr Herr in diesem prunkvollen alten Schlosse bist, dass deine Existenz, um die du dich so lang und schwer gemüht und gequält hast, nunmehr gesichert ist und du nicht mehr tagein, tagaus dem Nichts gegenüberstehst? Ich spannte alle meine Gedanken an, um mich selbst zu überzeugen, dass ich wache und nicht träume.

Und doch, es war mir wie ein Märchen, wie ein Märchen, dessen Wirklichkeit ich noch immer nicht erfassen konnte."[157]

12. Kapitel
Der Weg in den Ruin

Schulden! Schulden! Schulden!

Alexander Zoubkoff fand schnell in die Wirklichkeit zurück. Er gab das Geld seiner Frau planlos aus, machte Schulden über Schulden und genoß das scheinbar so sorglose Leben in vollen Zügen: „Da ich nun mehr und mehr meinen Passionen leben konnte, so hatte ich mir in diesen Tagen auch ein Motorrad angeschafft, auf dem ich gemeinsam mit meiner Gattin Fahrten in die herrliche Umgebung unseres Rheinstädtchens unternehmen konnte. Meine Gattin, die wie schon erwähnt, eine sehr sportliebende Natur ist, begleitete mich auf diesen Fahrten auf dem Duositz meines Fahrzeugs."[158] Ein entsprechendes Photo ging durch die Presse: A. Zoubkoff posierte in passender Lederkluft stolz auf einer „Württembergia", einer jener äußerst luxuriös ausgestatteten Maschinen, die ab 1925 nach den jeweils individuellen Wünschen reicher Privatkunden in Velten bei Berlin hergestellt wurden. Auf dem Soziussitz hatte Viktoria mit Pelzmantel und Kapotthütchen Platz genommen. Diesen Fahrten wurde jedoch bald ein Ende gesetzt. Zoubkoff, auch der Bonner Polizei nicht unbekannt, hatte unter erheblichem Alkoholeinfluß mit seinem Motorrad einen schweren Unfall verursacht. Bei den polizeilichen Ermittlungen stellte sich zusätzlich heraus, dass er keine Fahrerlaubnis besaß. Neben mehreren Geldstrafen wurde ihm auch für die Zukunft der Erwerb jeglicher Fahrerlaubnis untersagt.

Alexander Zoubkoff focht das nicht weiter an; er hatte bereits ein neues Projekt ins Auge gefaßt: Eine Atlantiküberquerung mit einem eigenen Flugzeug! Das Ehepaar Zoubkoff begab sich deshalb im Februar 1928 zum Erwerb eines geeigneten Modells nach Berlin. Dort kam es jedoch zu erheblichen Schwierigkeiten: Zoubkoff trieb sich in zweifelhaften Bars herum und wurde, nachdem er in der Casanova-Bar einen Angestellten verprügelt hatte, und wahrscheinlich auch noch wegen anderer Delikte von der Polizei verhaftet. In der folgenden Gerichtsverhandlung wurde ihm die Ausweisung aus Deutschland angedroht. Viktoria fuhr, zum ersten Mal tief enttäuscht, vorzeitig nach Bonn zurück.

Hinzu kamen beträchtliche finanzielle Probleme. Offensichtlich war sich Viktoria nach wie vor nicht im Klaren über die bestehenden Eigentumsverhältnisse. Nach ihrer Verheiratung mit Alexander Zoubkoff hatte ihr Kammerherr und Generalbevollmächtigter Freiherr von Solemacher im März 1928 einen Vertrag mit der Fürstlichen Hofkammer in Bückeburg geschlossen, der der früheren Prinzessin zu Schaumburg-Lippe eine auskömmliche Rente zusicherte. Über die Höhe dieser Zuwendungen gibt es unterschiedliche Angaben; es handelte sich wohl um einen jährlichen Betrag von ungefähr 30 000 Rentenmark, so daß der Prinzessin monatlich 2500 RM zur Verfügung standen. Das monatliche Durchschnittseinkommen der Bevölkerung lag am 1.1.1928 bei 165,25 RM. Palais und Schmuck sollten vertragsgemäß im Eigentum des Hauses Schaumburg-Lippe verbleiben. Alexander Zoubkoff gab das Geld wahl- und planlos aus. Er kaufte einen Hindernisrennstall, teure Autos und suchte nach einem geeigneten Schloß. Viktoria sah diesem Treiben tatenlos zu „Frau Prinzessin hat alle möglichen Versicherungen und Unterschriften gegeben, wovon sie keine Ahnung hatte", so die Aussage der als Zeugin in dem späteren Konkursverfahren vernommenen Hausdame.

Zoubkoff hatte sich inzwischen nach Brüssel abgesetzt, um einem möglichen Strafverfahren mit anschließender Ausweisung aus Deutschland zu entgehen. Von dort aus trat er in verschiedenen großzügig gewährten Zeitungsinterviews Gerüchten über seine Ehe entgegen. So merkwürdig diese Einlassungen auch klingen, könnte er mit dem gewieften Blick des Hochstaplers doch das Richtige getroffen haben. Seine Frau denke keineswegs an eine Ehescheidung, ließ er die „Deutsche Reichszeitung" wissen, sie erlaube ihm sogar eine Freundin zu haben, und sei durchaus nicht eifersüchtig, sondern liebenswürdig und kindlichen Gemütes, wie ein achtzehnjähriges Mädchen.[159] Die einundsechzigjährige Viktoria, die das verpasste Glück des damaligen Backfischs Moretta nachholen will? Ganz abwegig scheint dieser Gedanke nicht zu sein.

Um die ständig wachsenden Schulden ihres jugendlichen Ehemannes zu begleichen, musste Viktoria Schmuckstücke versetzen und Einrichtungsgegenstände verpfänden. Freiherr von Solemacher, der sich verzweifelt bemühte, sowohl das Vermögen als auch die Ehre der Prinzessin zu retten, wurde entlassen. An seiner Stelle ernannte Viktoria den angeblichen russischen Rechtsanwalt Dr. Ivanoff zu ihrem Generalbevollmächtigten. Ivanoff wohnte bereits seit Februar 1928 ebenso wie die Mutter Alexander Zoubkoffs im Palais Schaumburg. Um weitere Kredite zu erhalten, streute Ivanoff Gerüchte aus, wonach Frau Zoubkoff Forderungen von 12 Millionen Mark gegen den (ehemaligen) Fürsten Adolf zu Schaumburg-Lippe besäße, da sie bei den mit dem Fürstenhaus abgeschlossenen Verträgen arglistig getäuscht worden sei. Stichhaltige Beweise für seine Behauptungen legte Ivanoff indessen nicht vor.

Konkurs

Am 9. März 1929 stellte die Fürstliche Hofkammer in Bückeburg den Antrag auf Eröffnung des Konkursverfahrens über das Vermögen der verwitweten Prinzessin zu Schaumburg-Lippe, jetzigen Frau Zoubkoff, heißt es in einer Mitteilung der Deutschen Reichszeitung vom 15. März 1929. Hinter dieser lapidaren Meldung verbarg sich eine seit längerer Zeit absehbare tragische Entwicklung. So sollen infolge von Wechselschulden von über 100 000 Mark und einem noch größeren Betrag auf Wechsel, die sich noch im Verkehr befanden, des öfteren Pfändungen im Schaumburg-Lippischen Palais vorgenommen worden sein. Zum Konkursverwalter wurde Rechtsanwalt Dr. Rhein in Bonn bestellt.

Der angebliche Rechtsanwalt Dr. Ivanoff hatte unmittelbar

nach Eröffnung des Konkursverfahrens Bonn mit unbekanntem Ziel verlassen. Zoubkoff, dem wegen verschiedener Delikte bereits in Berlin die Ausweisung aus Deutschland drohte, war inzwischen von Brüssel nach Luxemburg „emigriert", wo er mit einer jungen Bardame zusammenlebte und sich damit brüstete, dass seine Gäste „vom Schwager des Kaisers" bedient würden.

Das Haus Schaumburg-Lippe sah keine andere Möglichkeit mehr, als der hoch verschuldeten Prinzessin das bis dahin bestehende Wohnrecht zu entziehen. Viktoria musste unverzüglich aus dem Palais ausziehen. Die Konkursmasse, also das gesamte Inventar, sollte im Auftrag des Konkursverwalters von der Kölner Kunsthandlung Mathias Lempertz versteigert werden. Von Donnerstag, dem 10. bis Sonntag, dem 13. Oktober 1929, hatte jedermann zu bestimmten Zeiten freien Zutritt zum Palais, um die Kostbarkeiten in Augenschein zu nehmen. Menschenmengen schoben sich durch die verlassenen aber doch wohnlich wirkenden Räume. An den Wänden hingen noch die Thermometer und auch ein Kalender, abgerissen bis zum 18. September 1929, dem Tage des Auszuges der Prinzessin. Möbel, Porzellan, Teppiche, persönliche Gegenstände, alles stand zum Verkauf, die Versteigerung machte vor nichts halt.

Der umfangreiche Katalog ist in vierzehn Abteilungen wie z.B. Silberkammer, Gemälde, Möbel, untergliedert und enthält insgesamt 1534 Objekte. Die meisten der wertvollen Bestände stammen aus dem Erbgut des Hauses Schaumburg-Lippe und des preußischen Königshauses. Aber auch ganz persönliche Erinnerungsgegenstände finden sich darunter: Ein Viktoria und Adolf gewidmetes großes ovales Silbertablett, 1620g schwer, Hochzeitsgeschenk des englischen Kronprinzen, Ölbildnisse der Eltern Viktorias, gemalt von Heinrich von Angeli, ein Speiseservice für vierundzwanzig Personen der Königlichen Porzellan Manufaktur (KPM), Geschenk der Stadt Berlin zur Silberhochzeit und viele andere Dinge mit persönlichem Bezug zu ihrer ehemaligen Besitzerin. Hierzu gehören sicherlich auch die in der Abteilung 13 aufgeführten Stoffe und Fensterdekorationen. Viktoria hatte seinerzeit in Briefen an ihre Mutter immer wieder voller Stolz auf die von ihr mit großer Sorgfalt ausgewählten Stoffe und Tapeten hingewiesen, mit denen das neue Heim in Bonn geschmückt werden sollte: Roter Seidendamast, silberdurchwirkter Seidenbrokat, dazu die passenden Kissen aus Damast, Brokat und Seide. Auch all dies wurde jetzt versteigert. Man kann davon ausgehen, dass Viktoria davon erfahren und darunter gelitten hat.

Das Ende

Mit wenigen ihr verbliebenen Habseligkeiten fand Viktoria schließlich Zuflucht in der „Villa Friede", einem kleinen Hotel in Mehlem bei Bonn, enttäuscht und verbittert über ihr Schicksal. Mit Schreiben vom 3. November 1929[160] wandte sich der Vertreter der Prinzessin Rechtsanwalt Wiltberger mit einer Erklärung an den Konkursverwalter Dr. Rhein. Seine Mandantin beabsichtige schon seit langer Zeit die Erhebung einer Scheidungsklage, hieß es darin, leider sei aber der genaue Aufenthaltsort Zoubkoffs zunächst nicht zu ermitteln gewesen. Inzwischen hatte sich Zoubkoff über einen Mittelsmann gemeldet und Forderungen gestellt. Er behauptete im Besitz von Briefen zu sein, für die ihm „viel Geld" geboten worden sei; er habe derartige Angebote bisher stets abgelehnt, verlange nun aber für diese Zurückhaltung eine Summe von 10 000 Mark. Rechtsanwalt Wiltberger wies noch einmal nachdrücklich daraufhin, dass seine Mandantin absolut mittellos sei und „deren Zukunft mehr oder minder von dem Wohlwollen der interessierten Häuser abhängig sei". Um weiteren Forderungen zuvor zu kommen, reichte der Anwalt einen Tag später beim Bonner Landgericht die Scheidungsklage ein.

Viktorias geschwächte Konstitution hielt diesen körperlich und seelisch bedingten Belastungen nicht mehr stand.

Mit hohem Fieber und Verdacht auf Bronchitis wurde sie am 9. November 1929 in das St. Franziskus-Hospital in Bonn-Kessenich eingeliefert. Ihre Schwester Margarethe[Mossy] Landgräfin von Hessen reiste in Begleitung ihres Gemahls Friedrich Karl und ihrer Söhne, den Prinzen Christoph und Richard, unverzüglich nach Bonn und nahm im Hotel Königshof Quartier, um ständig in der Nähe ihrer Schwester zu sein. Am 11. November gaben die behandelnden Ärzte zum ersten Mal eine Art Bulletin heraus. Danach litt die Patientin an einer beidseitigen Lungenentzündung sowie an einer Rippenfellentzündung. Ihr Zustand wurde als unverändert sehr ernst bezeichnet.[161] Auch war das Herz durch die Ereignisse und Aufregungen der letzten beiden Jahre in Mitleidenschaft gezogen. Am 13. November 1929 verstarb Viktoria Zoubkoff gegen 7.30 Uhr in der Frühe. Die eilends herbeigerufene Landgräfin Margarethe von Hessen traf ihre Schwester nicht mehr lebend an. Als unmittelbare Todesursache wurde Herzlähmung angegeben. Kurz nach Bekanntwerden der Todesnachricht schmückten die Schwestern des Krankenhauses das Sterbelager der ehemaligen Prinzessin von Preußen mit Blumen. Nachmittags fand im Sterbezimmer eine schlichte Trauerfeier statt, bei der Pastor Frick einige Bibelworte verlas und Gebete sprach. Außer der landgräflichen Familie nahmen an dieser Zeremonie auch ein Vertreter der Bückeburger Hofkammer, der Hofchef von Kronberg und die Hofdame von Blücher teil Der frühere Kaiser Wilhelm II. hatte aus Doorn einen Strauß weißer Rosen übersandt, der der Verstorbenen mit in den Sarg gelegt wurde. Die Beisetzung fand auf Wunsch der Verstorbenen in der Schlosskapelle der alten Burg des Schlosses Friedrichshof im Taunus, dem letzten Aufenthalt ihrer Mutter, statt.

Hartnäckig verbreitete sich das Gerücht, auch Zoubkoff halte sich in Bonn auf und wolle irgendwelche „Ansprüche" stellen, auf jeden Fall aber Schwierigkeiten machen. Tatsächlich war Alexander Zoubkoff, wie die Bonner Polizei am 14. November mitteilte, am Mittwoch, dem 13. November gegen10 Uhr abends mit einem aus Trier kommenden Zug in Bonn eingetroffen. Er begab sich dann mit einem Mietwagen in das St. Franziskus-Hospital, wo man ihm wahrheitsgemäß berichtete, dass der Leichnam seiner Frau bereits nach Kronberg überführt worden sei. Zoubkoff, der daraufhin die ganze Nacht durchgezecht hatte, stieß wilde Drohungen aus, verlangte als „rechtmäßiger Eigentümer" die Herausgabe des Leichnams und drohte an, unverzüglich nach Kronberg zu reisen. Da Zoubkoff auch wegen anderer Straftaten gesucht wurde, sah die Polizei keine andere Möglichkeit um die öffentliche Ruhe und Ordnung zu gewährleisten, als ihn am 14. November festzunehmen.

Mit dem Tode Viktoria Zoubkoffs wurde auch die von ihr beim Bonner Landgericht eingereichte Scheidungsklage gegen ihren zweiten Ehemann hinfällig.

Im Schicksal Viktorias spiegeln sich gesellschaftliche Umbrüche vor und nach dem ersten Weltkrieg wider. Aufgewachsen als Kaiserenkelin lernte sie schnell, dass eine königliche Prinzessin bereit sein mußte, „ihr Glück dem Vaterlande zum Opfer zu bringen". So verzichtete sie auf eine erhoffte Liebesheirat und fügte sich klaglos in eine arrangierte Ehe, die nicht unglücklich, aber leidenschaftslos war. Nach dem Zusammenbruch aller monarchischen Prinzipien fühlte sich Viktoria frei und bereit, ihr Leben selbst zu gestalten. Dennoch war sie weder eine „Skandalnudel" noch eine „liebestolle" Prinzessin, wie ein Teil der Boulevardpresse glauben machen wollte, sondern eine zutiefst unglückliche Frau. Das Gefühl, daß das Leben ihr noch etwas schuldig sei, verführte sie zu der Annahme, die große Liebe in einem vierunddreißig Jahre jüngeren Mann gefunden zu haben. Enttäuschung und Verbitterung brachen ihr zum Schluß das Herz.

Vielleicht trifft das im Bonner Generalanzeiger veröffentlichte Gedicht eines unbekannten Bürgers der Stadt den richtigen Ton:

†

„Frau Viktoria Zoubkoff

Auf Deinem letzten Lager sah ich Dich heut wieder,
Ich kam, der toten Fürstin Lebewohl zu sagen,
Der Frau, die tiefes bitt'res Leid getragen – ,
Und beugte mich in stiller Wehmut zu Dir nieder.

So mancher kam und ging wohl durch Dein Leben,
Gewiß auch mancher, der Dich missverstand,
Und wieder solche, die sich abgewandt,
Weil man das „Allzumenschliche" nicht wollt vergeben.

Jetzt hast Du überwunden Liebe, Haß und Spott,
Verstummt ruhst Du in reicher Blumen-Fülle,
Und aus des Leibes leidgewohnter Hülle
Stieg Deine Seele auf zu Gott!"

E. Sch.[162]

Nachwort

Jahrzehnte sind seitdem vergangen. Doch der Name des Palais Schaumburg erinnert auch weiterhin an seine einstige Besitzerin, Viktoria Prinzessin zu Schaumburg-Lippe. Nach dem Tode Viktorias ließ der Eigentümer des Palais, der letzte bis 1918 regierende Fürst Adolf zu Schaumburg-Lippe, Mietwohnungen und Büros in dem weiträumigen Gebäude einrichten. Als Adolf im Jahre 1936 ohne leibliche Nachkommen verstarb, fiel das Erbe zu gleichen Teilen an seine vier Brüder: Wolrad, Stefan, Heinrich und Friedrich Christian. Wolrad, jetzt Chef das Hauses Schaumburg-Lippe, verkaufte 1939 das Palais für 709.000 Reichsmark an das Deutsche Reich. In den nächsten Jahren wurden dort verschiedene Dienststellen des Heeres untergebracht.

Nach dem Ende des zweiten Weltkrieges unterstand das Palais Schaumburg der britischen Militärverwaltung, die dort Führungskräfte der Belgischen Streitkräfte unterbrachte.

In den drei Westzonen, die der amerikanischen, britischen und französischen Besatzungsmacht unterstanden, wurde 1948 der Anstoß zur Neugründung eines demokratischen deutschen Teilstaates gegeben. Mit Zustimmung der drei Westalliierten wurde am 23. Mai 1949 von dem hierzu beauftragten Parlamentarischen Rat eine Verfassung, das Grundgesetz, für den westdeutschen „Teil"staat in Kraft gesetzt. Zum Sitz der neuen Regierung hatte der Parlamentarische Rat zuvor am 12. Mai 1949 mit der knappen Mehrheit von 33 zu 29 Stimmen Bonn bestimmt. Damit erhob sich die Frage, wo im teilweise zerstörten Bonn die einzelnen Dienstellen ihren Sitz finden sollten. Der neu gewählte Bundeskanzler Dr. Konrad Adenauer entschied sich am 5. November 1949 für das Palais Schaumburg als Dienstsitz und zog dort am 25. November 1949 mit seinem Büro ein. Danach wurde die Bezeichnung „Palais Schaumburg" zu einer Art Synonym für das Kanzleramt.

Nach dem Fall der Berliner Mauer im November 1989 wurde das Palais Schaumburg noch einmal Schauplatz eines historischen Ereignisses. Im Mai 1990 unterzeichneten Vertreter beider deutschen Staaten hier den Staatsvertrag über die Schaffung einer Währungs-, Wirtschafts- und Sozialunion. Damit rückte die Wiedervereinigung in greifbare Nähe.

Die endgültige Wiederherstellung der Deutschen Einheit erfolgte durch Staatsvertrag zwischen den Vier Siegermächten und den beiden deutschen Teilstaaten am 3. Oktober 1990. Als Folge stand die Frage über die zukünftige Bundeshauptstadt an. Mit einer Mehrheit von 336 zu 321 Stimmen entschied sich der Deutsche Bundestag am 20.Juni 1991 für die Verlegung von Parlament und Regierung in die alte Deutsche Hauptstadt Berlin.

Das Palais Schaumburg wartet nun auf seine neue Bestimmung.

Anmerkungen

1. Zoubkoff, V. : Was mir das Leben gab... a.a.O, S.8
2. Viktoria an Kaiserin Friedrich z.b. am 11.1.1893 AHH Schloß Fasanerie
3. zitiert bei Röhl : Wilhelm II., a.a.O. S.74
4. Kronprinzessin an Kronprinz, 27.1.1871, zitiert bei Röhl: Wilhelm II. a.a.O.S.94
5. Zoubkoff, V. : Was mir da Leben gab...a.a.O.S.9
6. zitiert bei Röhl: Wilhelm II., a.a.O. S. 119
7. Schieder, Th.: Vom Deutschen Bund zum Deutschen Reich, a.a.O. S. 171
8. Haffner/Venohr: Preußische Profile, a.a.O. S.103
9. Zoubkoff, V.: Was mir das Leben gab...a.a.O. S. 48
10. Röhl: Wilhelm II., a.a.O. S. 102
11. Röhl,ebd. S.104
12. NStA Bückeburg, F1 A XXXV – 44a -E1
13. Zoubkoff, V. : Was mir das Leben gab... a.a.O:, S.31
14. ab 1865 wurde dieser Orden auch für Verdienste in Friedenszeiten verliehen
15. Zoubkoff, V.: Was mir das Leben gab... a.a.O. S. 20
16. Bildnis der Tochter Viktoria (Moretta), Ölgemälde von Kronprinzessin Victoria 1878, AHH Schloß Friedrichshof, Inv.-Nr.B 3120, abgebildet in: Hessen, Rainer v.: Victoria – Kaiserin Friedrich, a.a.O.s. 139
17. Göttert, Margit: Victoria und die deutsche Frauenbewegung, in: Hessen, R.: Kaiserin Friedrich,a.a.O.S.102
18. Zoubkoff, V.: Was mir das Leben bab...a.a.O. S. 22
19. Sinclair: Viktoria, a.a.O. S. 190/91
20. Erck/Schneider: Georg II., a.a.O.,S.278
21. Erbprinz Bernhard von S.-M. an seinen Vater Georg II. am 21.12.1876, ThStAMgn HA 299
22. Zoubkoff, V. : Was mir das Leben gab...a.a.O.S.37
23. Roehl, J.: Wilhelm II. Bd.I a.a.O. S. 369
24. Zoubkoff, V.: Was mir das Leben gab...a.a.O. S. 39
25. Goethe, J. W.: Faust, 1. Teil a.a.O. S.738
26. Hubatsch, W.: Der Berliner Kongreß, a.a.O. S.14
27. Corti, E.C. von: Leben und Lieben Alexanders v. Battenberg, a.a.O. S.66/67
28. Röhl, J.: Kaiser, Hof u. Staat, a.a.O. S.23
29. Kronprinz Friedrich Wilhel an seine Gemahlin Victoria am 25.8.1883 AHH Schloß Fasanerie
30. Zoubkoff,V.: Was mir das Leben gab...a.a.O.S.47
31. Zoubkoff, V.: Was mir das Leben gab...a.a.O. S. 48
32. zitiert bei Röhl: Wilhelm II. a.a.O.S. 525
33. zitiert bei Röhl: Wilhelm II. Bd.I a.a.O.S.525

34 Röhl, J.: Kaiser, Hof und Staat, a.a.O.S.23
35 Zoubkoff, V.: Was mir das Leben gab…a.a.O. S.48
36 Corti, E.C.: Leben und Lieben Alexanders von Battenberg, a.a.O. S.130
37 Corti, E.C. : Leben und Lieben Alexanders von Battenberg, a.a.O. S. 212
38 Röhl, J.: Wilhelm II., Bd.I, a.a.O. S. 524
39 Victoria an Queen V. am 2.2.1885, zitiert bei Pakula: Viktoria a.a.O. S. 440
40 Röhl, J.: Wilhelm II. Bd.I a.a.O., S.537
41 Zoubkoff, V.: Was mir das Leben gab…a.a.O., S. 49
42 Viktoria an Kaiserin Friedrich am 20.2.1897 AHH Schloß Fasanerie
43 Friedrich III.am 2.4.1888, AHH Schloß Fasanerie
44 Ponsony, F.: Briefe der Kaiserin Friedrich a.a.O. S.317
45 Friedrich III. an Kronprinz Wilhelm am 12.4.1888, AHH Schloß Fasanerie
46 Ponsony, F.: Briefe der Kaiserin Friedrich a.a.O. S. 337
47 zitiert bei Röhl: Kaiser Wilhelm II., Bd.II, a.a.O. S. 91
48 Corti, E.C. : Leben und Lieben Alexanders von Battenberg a.a.O. S. 212/213
49 Zoubkoff, V.: Was mir das Leben gab..a.a.O. S.53
50 Ponsony, F.: Briefe der Kaiserin Friedrich a.a.O. S. 360
51 Es handelt sich um das Krongut Bornstedt bei Potsdam, das 1867 dem damaligen Kronprinzenpaar zum Nießbrauch überlassen wurde.
52 Ponsony, F.: Briefe der Kaiserin Friedrich a.a.O. S. 364
53 Sinclair: Viktoria, a.a.O. S.250
54 Zoubkoff, V.: Was mir das Leben gab a.a.O. S.76
55 Viktoria an Kaiserin Friedrich am 20.10.1895 AHH Schloß Fasanerie
56 Ponsony, F.: Briefe der Kaiserin Friedrich a.a.O. S. 409
57 Kaiserin Friedrich an Queen V. am 19.6.1890, zitiert bei Pakula a.a.O. S. 576
58 Röhl, J.: Wilhelm II., Bd. II a.a.O. S.714
59 zitiert bei Roehl: Wilhelm II., Bd. I a.a.O. S.345
60 Marie v. Edinburg an Charlotte v.Sachsen Meiningen, zitiert bei Röhl: Kaiser Wilhelm II., Bd.II, a.a.O. S.716
61 Röhl,J.: Wilhelm II., Bd.II. a.a.O. S. 716
62 Röhl, J.: Wilhelm II., Bd.II a.a.O. S.717
63 Röhl, J.: Wilhelm II., Bd.II a.a.O. S. 718
64 Sondervermögen der Ehefrau
65 Röhl, J.: Wilhelm II. Bd. II a.a.O. S.717
66 Zoubkoff, V.: Was mir das Leben gab…a.a.O. S. 79
67 Zoubkoff, V.: Was mir das Leben gab…a.a.O. S. 80
68 Kaiserin Friedrich an Quenn V. am 12.6.1890, zitiert bei Pakula a.a.O. S.577
69 Viktoria an Kaiserin Friedrich, Hannover 22.11.1890, AHH Schloß Fasanerie (aus dem Englischen)

70 Fürstin Hermine zu S.-L. an Kaiserin Friedrich am 24. 11. 1890, AHH Schloß Fasanerie
71 Zoubkoff, V.: Was mir das Leben gab... a.a.O. S. 81
72 Viktoria an Kaiserin Friedrich, Bückeburg am 26.11.1890 AHH Schloß Fasanerie
73 NStA Bückeburg A XXXV 44 Nr.7
74 Viktoria an Kaiserin Friedrich am 8.2.1891, AHH Schloß Fasanerie
75 Viktoria an Kaiserin Friedrich am 17.2.1891 AHH Schloß Fasanerie
76 Zoubkoff, V.: Was mir das Leben gab...a.a.O. S. 87
77 Viktoria an Kaiserin Friedrich am 1.2.1892 AHH Schloß Fasanerie, aus dem Englischen
78 Viktoria an Kaiserin Friedrich am 24.11.1891 AHH Schloß Fasanerie
79 Viktoria an Kaiserin Friedrich am 12.3.1892 AHH Schloß Fasanerie
80 Viktoria an Kaiserin Friedrich am 21.3.1891 AHH Schloß Fasanerie
81 Viktoria an Kaiserin Friedrich am 2.5.1893 AHH Schloß Fasanerie
82 Blücher, E. von: Reisetagebuch, a.a.O. S. 13
83 Blücher, E. von: Reisetagebuch, a.a.O.S. 80
84 Viktoria an Kaiserin Friedrich am 7.8.1896 AHH Schloß Fasanerie
85 Viktoria an Kaiserin Friedrich am 14.1.1892 AHH Schloß Fasanerie
86 Kaiserin Friedrich an Viktoria am 8.1.1893 AHH Schloß Fasanerie
87 Viktoria an Kaiserin Friedrich am 22.5.1891 AHH Schloß Fasanerie
88 Viktoria an Kaiserin Friedrich am 22. Mai 1891 AHH Schloß Fasanerie
89 Kaiserin Friedrich an Queen Victoria am 26.8.1891, zitiert bei Roehl, Bd. II, a.a.O. S.725
90 Viktoria an Kaiserin Friedrich am 26.2.1892 AHH Schloß Fasanerie
91 NStA AXXXV 44
92 Viktoria an Kaiserin Friedrich am 22.3.1895 AHH Schloß Fasanerie
93 Lippische Landeszeitung vom 20.2.1896
94 Viktoria an Kaiserin Friedrich am 28.3.1895 AHH Schloß Fasanerie
95 Viktoria an Kaiserin Friedrich am 14.4.1895 AHH Schloß Fasanerie
96 Viktoria an Kaiserin Friedrich am 1.11.1896 AHH Schloß Fasanerie
97 Viktoria an Kaiserin Friedrich am 9.11.1896 AHH Schloß Fasanerie
98 Viktoria an Kaiserin Friedrich am 1.11.1896 AHH Schoß Fasanerie
99 Viktoria an Kaiserin Friedrich am 7.7.1897 AHH Schloß Fasanerie, teilweise aus dem Englischen
100 Viktoria an Kaiserin Friedrich am 16.7.1897 AHH SchloßFasanerie
101 Viktoria an Kaiserin Friedrich am 12. 7. 1897 AHH Schloß Fasanerie
102 Lippische Landeszeitung vom 10. Juli 1897
103 Viktoria an Kaiserin Friedrich am 11.7.1897 AHH Schloß Fasanerie, aus dem Englischen
104 Viktoria an Kaiserin Friedrich am 13. November 1897 AHH Schloß Fasanerie
105 Prinz Adolf an Kaiserin Friedrich am 27. Juli 1897 AHH Schloß Fasanerie

106 Erbprinzessin Charlotte von S.-M. an Freifrau von Heldburg am 25.3.1895, StThStaMgn HA 342, aus d. Englischen
107 Kaiser Wilhelm II. an Adolf zu S.-L. AHH Schloß Fasanerie
108 Kaiser Wilhelm II. an Fürst Leopold zu Lippe am 26.9.1904, zitiert nach Huber: Dt. Verfassungsgeschichte, a.a.O. S.436
109 Viktoria an Kaiserin Friedrich am 29. 1.1898 AHH Schloß Fasanerie
110 Lindenberg, W.: Wolodja, a.a.O. S.23
111 Der Mittag, vom 12. Juni 1929
112 Zoubkoff, V.: Was mir das Leben gab ...a.a.O. S. 101
113 Zoubkoff, V.: Was mir das Leben gab...a.a.O. S. 112
114 Generalanzeiger Bonn vom 13.7.1914
115 Zoubkoff, V.: Was mir das Leben gab...a.a.O.S.124
116 Generalanzeiger Bonn vom 16.10.1914
117 Zoubkoff, V.: Was mir das Leben gab... a.a.O.S. 126
118 Cannadine, D.: Willy, Bertie und Vicky.a.a.O.S.51
119 zitiert nach: Hessen, Rainer v.: König im Land der ernsten Augen, in FAZ v.1.10.2008
120 NStA Bückeburg F1 A XXXV; 44a, E 3b
121 Zoubkoff, V.: Was mir das Leben gab...a.a.O. S. 129
122 Viktoria an Kaiserin Friedrich am 13. November 1897 AHH Schloß Fasanerie
123 zitiert bei Röhl: Wilhelm II, Bd.III a.a.O. s.141
124 Zoubkoff, V.: Was mir das Leben gab...a.a.O. S. 132
125 Viktoria an Fürst Adolf zu S.-L. am 4.10.1918 NStA Bückeburg F1 AXXXV; 44a; E 3b
126 Viktoria an Fürst Adolf zu S.-L. am 26.10.1918 NStA Bückeburg F1 AXXXV; 44a; E3b
127 Zoubkoff, V.: Was mir das Leben gab...a.a.O. S.127
128 Erdmann, K.D.: Der erste Weltkrieg a.a.O. S.79
129 Röhl, C.G: Wilhelm II, Bd.III a.a.O. S. 1279
130 Röhl, C.G.: Wilhelm II, Bd. III a.a.O. S. 1278
131 Röhl, C.G.: Wilhelm II, Bd. III a.a.O. S. 1277
132 Viktoria an Fürst Adolf zu S.-L. am 21.11.1918 NStA Bückeburg F1 AXXXV; 44a; E3b
133 Cannadine, D.: Willy, Bertie und Vicky a.a.O. S.51
134 Cannadine, D.: Willy, Bertie und Vicky a.a.O. S.51
135 Viktoria an Fürst Adolf zu S.-L. am 5.12. 1918 NStA Bückeburg F1 AXXXV; 44a; E3b Unterstreichungen aus dem Original
136 Kopie des Testamentes im AdH Schloß Fasanerie
137 Zoubkoff, V.: Was mir das Leben gab...a.a.O. S.135
138 Cannadine D.: Willy, Bertie und Vicky a.a.O. S. 51
139 Zoubkoff, V.: Was mir das Leben gab... a.a O. S. 135
140 Generalanzeiger Bonn vom 22.11.1927

141 Viktoria an Fürst Adolf zu S.-L. am 17.3.1919 NStA Bückeburg F1 AXXXV; 44a; E3b
142 Kölnische Zeitung vom 29.2.1928
143 Salviati an Fürst Adolf zu S.-L. am 6.4.1920 NStA Bückeburg F1 AXXV; 44a, Nr.4
144 Der Mittag vom 12.6.1929
145 Zoubkoff,V.: Was mir das Leben gab a.a.O. S.140
146 Generalanzeiger Bonn vom 20.3.1969
147 Deutsche Reichszeitung vom 18.2.1925
148 zitiert bei Roehl: Wilhelm II., Bd.III, S.1259
149 Zoubkoff,V.: Was mir das Leben gab...a.a.O. S.140
150 Zoubkoff, V.: Was mir das Leben gab...a.a.O. S. 143
151 Zoubkoff, A.: Mein Leben und Lieben a.a.O. S. 159
152 Zoubkoff, V. : Was mir das Leben gab...a.a.O. S.147
153 Zoubkoff, A. : Mein Leben und Lieben a.a.O. S. 167
154 Generalanzeiger Bonn vom 21. November 1927
155 Schreiben der Generalverwaltung d. Preuß. Königshauses v. 29.Okt. 1927 NStA Bückeburg F1 AXXXV44a Nr.3
156 Generalanzeiger Bonn vom 22.11.1927
157 Zoubkoff, A.: Mein Leben und Lieben a.a.O. S.169
158 Zoubkoff, A.: Mein Leben und Lieben a.a.O. S. 171
159 Deutsche Reichszeitung vom 21.3.1928
160 NStA Bückeburg F1 A XXXV 44a Nr.3
161 Generalanzeiger Bonn vom 11.11.1929
162 Generalanzeiger Bonn vom 18.11.1929

Benutzte Archive

Archiv der Hessischen Hausstiftung Schloß Fasanerie – AHH Schloß Fasanerie
Niedersächsisches Staatsarchiv Bückeburg – NStA Bückeburg
Landesarchiv NRW Detmold – NWStA Detmold
Stadtarchiv Bonn – StB
Thüringisches Staatsarchiv Meiningen –ThStaMgn

Literatur

Blücher, Elisabeth Baronin von: Tagebuch meiner Reise als Hofdame in den Orient (Dezember 1890 – Februar 1891), Merzhausen 2000

Böger, Helmut / Krüger, Gerhard: Berühmte & Berüchtigte Bonner, 40 Portraits, Wuppertal 1991

Cannadine, David: Willy, Bertie und Vicky, in: Der letzte Kaiser, Wilhelm II. Im Exil; Ausstellungskatalog des Deutschen Historischen Museums, Gütersloh/München 1991

Clark, Christopher: Wilhelm II. Die Herrschaft des letzten Deutschen Kaisers, München 2008

Corti, Egon Caesar Conte: Leben und Liebe Alexanders von Battenberg, Graz, Salzburg, Wien, 2. Auflage 1950

Diemel, Christa: Adelige Frauen im bürgerlichen Jahrhundert, Frankfurt a.M. 1998

Ditsche, Uta: Schaumburg-Lippe, Friederike Amalie Wilhelmine Viktoria Prinzessin zu, in: Höing, H.: Schaumburger Profile, Bielefeld 2008

Erck, A. und **Schneider**, H.: Georg II. von Sachsen- Meiningen, 2.Auflage, Zella-Mehlis 1999

Erdmann, Karl Dietrich: Die Zeit der Weltkriege, in: Gebhardt, Bruno: Handbuch der Deutschen Geschichte, Band 4, Die Zeit der Weltkriege, Stuttgart 1958

Feuerstein-Praßer, Karin: Die Deutschen Kaiserinnen 1871 – 1918, Regensburg 1997

Geheimes Staatsarchiv Preußischer Kulturbesitz: Der Berliner Kongreß 1878, Ausstellung zur 100. Wiederkehr der Eröffnung des Berliner Kongresses am 13. Juni 1978 im Wissenschaftszentrum in Bonn

Hessen, Rainer von (Hg.): Victoria Kaiserin Friedrich, Mission und Schicksal einer englischen Prinzessin in Deutschland, Frankfurt/Main 2002

Hessen, Rainer von: König im Land der ernsten Augen, in: FAZ vom 1.10.2008

Huber, Ernst Rudolf: Deutsche Verfassungsgeschichte seit 1789, Bd. III, 3. Auflage Stuttgart 1988

Huber, Ernst Rudolf: Deutsche Verfassungsgeschichte seit 1879, Bd. IV: Struktur und Krisen des Kaiserreiches, 2. verb. u. erg. Auflage Stuttgart 1982

Kittel, Erich: Lippe, in: Ploetz: Reich und Länder, Geschichte der deutschen Territorien, Band II, Würzburg 1971

Koch, W. John: Daisy von Pleß, fürstliche Rebellin, Frankfurt a. Main/Berlin 1990

Lempertz, Mathias: Kunstversteigerung (Katalog) Nr. 287. Zoubkoff, Viktoria: Konkursmasse Frau Alexander Zoubkoff, Victoria geb Prinzessin von Preußen, 1929

Lindenberg, Wladimir: Wolodja. Portrait eines jungen Arztes. 4. Auflage München, Basel 1999

Löns, Herrmann: Duodez, 8. Auflage Hameln/Hannover 1997

Lücking, Wolf: Trachtenleben in Deutschland, Bd.1: Schaumburg-Lippe, Berlin 1958

Neumann, Wolfgang J.: Der Lippische Staat, Lemgo o.J.

Österreichisches Biographisches Lexikon, Bd. I 1815 – 1950; Verlag Österreichische Akademie der Wissenschaften, 2003 (Alexander v. Battenberg)

Pakuta, Hannah: Victoria, Tochter Queen Victorias, Gemahlin des preußischen Kronprinzen, Mutter Kaiser Wilhelms II. München 1999

Ponsonby, Sir Frederick (Hg.): Briefe der Kaiserin Friedrich, Berlin o.J.

Rasche, Adelheid: Pailletten – Posen – Puderdosen, Berlin 2009

Röhl, John C. G.: Kaiser, Hof und Staat. Wilhelm II. und die deutsche Politik, München 1988

Röhl, John C. G.: Wilhelm II. Die Jugend des Kaisers, 1858 – 1888, München 1993

Röhl, John C.G.: Wilhelm II. Der Aufbau der Persönlichen Monarchie, 1888 -1900, München 2001

Röhl, John C.G.: Wilhelm II. Der Weg in den Abgrund, 1900 - 1941, München 2008

Straub, Eberhard: Drei letzte Kaiser. Der Untergang der großen europäischen Dynastien, Berlin 1998

Strauß und Torney, Lulu von: Vom Biedermeier zur Bismarckzeit, Jena 1933

Wehler, Hans-Ulrich: Deutsche Gesellschaftsgeschichte, 4. Band, 1914 – 1949, 3. Auflage München 2008

Winter, Ingelore M.: Mein geliebter Bismarck. Der Reichskanzler und die Fürstin Johanna., Düsseldorf 1988

Zoubkoff, Alexander: Mein Leben und Lieben, 2. Auflage Bonn 2005

Zoubkoff, Viktoria, geb. Prinzessin von Preußen: Was mir das Leben gab – und nahm, Bonn 2005

Zeittafel

1866
12. April 1866 Viktoria wird als fünftes Kind des preußischen Kronprinzenpaares im Neuen Palais in Potsdam geboren
24. Mai 1866 getauft auf den Namen ihrer Großmutter, der englischen Königin Viktoria, die an diesem Tag ihren 59. Geburtstag feiert.
ältere Geschwister: Wilhelm *27. Januar 1859, Charlotte *24.Juli 1860, Heinrich *14.August 1862, Sigismund *15.September 1864
18. Juni 1866 Tod des Bruders Sigismund
15. Juni – 26. Juli 1866 Deutsch – Deutscher Krieg: Preußen und Österreich rivalisieren um die Vorherrschaft in Deutschland
3. Juli 1866 Entscheidungsschlacht bei Königgrätz:; Sieg Preußens
23. August 1866 Friede von Prag, Auflösung des Deutschen Bundes

1868
10. Februar 1868 Geburt des Bruders Waldemar

1870
14. Juni 1870 Geburt der Schwester Sophie
19. Juli 1870 – 26. Februar 1871 Deutsch-Französischer Krieg; Niederlage Frankreichs
4. September 1870 Sturz des französischen Kaisertums, Frankreich wird Republik

1871
18. Januar 1871 Viktorias Großvater, König Wilhelm I. von Preußen, wird im Spiegelsaal des Schlosses von Versailles zum Deutschen Kaiser ausgerufen; Bismarck wird Reichskanzler;
Die französische Niederlage, vor allem die Abtretung Elsaß-Lothringens an das Deutsche Reich belastet die deutsch-französischen Beziehungen schwer und verhindert die Aussöhnung zwischen beiden Völkern

1872
22. April 1872 Geburt der Schwester Margarete

1876
12. April 1876 Viktoria wird der Luisenorden verliehen

1877
22. März 1877 80. Geburtstag Kaiser Wilhelm I.

1878
18. Februar 1878 Hochzeit in Berlin:
Schwester Charlotte von Preußen heiratet den Erbprinzen Bernhard von Sachsen- Meiningen
13. Juni – 13. Juli 1878 Der Berliner Kongreß berät auf Einladung Bismarcks, der als „ehrlicher Makler" auftritt, über die Lösung der „Balkanfrage", ausgelöst durch die Unabhängigkeitsbestrebungen der verschiedenen Nationalitäten. Ergebnis: Rumänien, Serbien und Montenegro werden souverän, Bulgarien wird ein von Rußland abhängiges Fürstentum; Ostrumelien wird von Bulgarien getrennt und gegen den ausdrücklichen Anspruch Russlands auf ein „Großbulgarien" der Türkei als autonome Provinz eingegliedert. Russland fühlt sich fortan als „Verlierer" dieser Neuregelungen. Bismarck bemüht sich um ein besseres Verhältnis zu Russland

1879
29. April 1879 Alexander von Battenberg wird zum Fürsten von Bulgarien gewählt.
27. März 1879 Tod des Bruders Waldemar (geb. am 10.2.1868)

1881
27. Februar 1881 Prinz Wilhelm heiratet in der Berliner Schlosskapelle Auguste Viktoria (Dona) von Holstein-Augustenburg
13. März 1881 Zar Alexander II. von Russland wird ermordet, ihm folgt Alexander III. (*1845 +1894)

1882
Kronprinzessin Victoria verfolgt mit wachsendem Engagement Heiratspläne zwischen Alexander von Battenberg und ihrer Tochter Viktoria

1883
Im Frühjahr nähere Kontakte zwischen Prinzessin Viktoria und Alexander von Battenberg

1884
30. April 1884 Hochzeit der Cousine Viktoria von Hessen (älteste Tochter des verwitweten Großherzogs Ludwig IV. von Hessen-Darmstadt) mit Prinz Ludwig von Battenberg (ältester Bruder Alexanders) in Darmstadt
Erneute Begegnung Viktorias mit Fürst Alexander von Bulgarien; Bismarck lehnt diese Verbindung entschieden ab, fürchtet Verwicklung Deutschlands in russische Interessenssphären

1886
Wilhelm (II.) widersetzt sich dem Heiratsplan in einem scharfen Brief an den Fürsten Alexander
7. September 1886 Alexander von Battenberg muß wegen bleibender russischer Gegnerschaft abdanken

1888
9. März 1888 Tod Kaiser Wilhelms I., der schwerkranke Kronprinz Friedrich Wilhelm wird als Friedrich III. Deutscher Kaiser
15. Juni 1888 Tod Kaiser Friedrichs III.
Kronprinz Wilhelm besteigt als Kaiser Wilhelm II. den Thron
Wilhelm II. löst die „Verlobung" seiner Schwester Viktoria mit Alexander von Battenberg
Übersiedlung der Kaiserinwitwe Victoria zunächst nach Homburg dann nach Kronberg. Sie nennt sich von jetzt an Kaiserin Friedrich

1889
Oktober: Schwester Sophie heiratet den Kronprinzen Konstantin von Griechenland in Athen. Viktoria nimmt an der Hochzeit teil.
Alexander von Battenberg heiratet die Sängerin Johanna Loisinger und lässt sich in Graz nieder

1890
7. Januar 1890 Kaiserin Augusta stirbt.
20. März 1890 Wilhelm II. entlässt Reichskanzler von Bismarck. Nachfolger wird Graf Leo von Caprivi
19. November 1890 Viktoria heiratet Prinz Adolf zu Schaumburg-Lippe, den vierten Sohn des regierenden Fürsten Adolf zu Schaumburg-Lippe. Hochzeitsreise in den Orient, anschließend Wohnsitz in Bonn

1893
25. Januar 1893 die jüngste Schwester Margarete heiratet Friedrich Karl, Landgraf von Hessen
8. Mai 1893 Tod Fürst Adolfs zu Schaumburg-Lippe; Palais Schaumburg in Bonn wird anstelle von Bückeburg zum Lebensmittelpunkt für Viktoria und Adolf

1895
20. März 1895 Tod des regierenden Fürsten Woldemar zur Lippe-Detmold, Notwendigkeit einer Regentschaft über dessen geisteskranken Bruder und Nachfolger Prinz Alexander;
20. März 1895 Prinz Adolf zu Schaumburg-Lippe übernimmt trotz nicht ganz

geklärter Rechtsverhältnisse die Regentschaft. Adolf und Viktoria übersiedeln nach Detmold

1897
22. Juni 1897 schiedsgerichtliche Entscheidung zugunsten des Familienzweiges zur Lippe-Biesterfeld. Graf Ernst zur Lippe –Biesterfeld übernimmt demzufolge die Regentschaft im Fürstentum. Adolf und Viktoria müssen Detmold verlassen und kehren nach Bonn zurück

1901
22. Januar 1901 Tod der Königin Viktoria von England (*24.5.1819)
5. August 1901 Kaiserin Friedrich stirbt in Kronberg

1905
25. Oktober 1905 endgültige Entscheidung des Reichsgerichts über die lippische Thronfolge zugunsten der Linie Lippe-Biesterfeld

1914
28. Juni 1914 Ermordung des österreich-ungarischen Thronfolgers Franz-Ferdinand und dessen Gemahlin Sophie in Sarajewo; Kriegsstimmung!
1. August 1914 Kriegsausbruch deutsche Kriegserklärung an Russland,
3. August 1914 deutsche Kriegserklärung an Frankreich,
4. August 1914 Einmarsch deutscher Truppen in Belgien, daraufhin Kriegserklärung Großbritanniens an Deutschland
Prinz Adolf zum 8. Armeekorps nach Frankreich abkommandiert
Viktoria errichtet ein Lazarett in Bonn

1916
Prinz Adolf kommt sehr geschwächt von der Front zurück, Sanatorium in Bad Godesberg
9. Juli 1916 Tod Adolfs, beigesetzt im Mausoleum in Bückeburg

1917
2. April 1917 Kriegseintritt der USA

1918
3. Oktober 1918 Prinz Max von Baden wird Reichskanzler
29. Oktober 1918 Beginn der Matrosenaufstände
9. November 1918 Ausrufung der Republik durch Philipp Scheidemann
10. November 1918 Wilhelm II. emigriert aus seinem Hauptquartier in Spa in die Niederlande
11. November 1918 Waffenstillstand
15. November 1918 Fürst Adolf zu Schaumburg- Lippe tritt zurück

28. November 1918 Thronverzicht Kaiser Wilhelms II.
Rückkehrende Truppen ziehen durch Bonn; Einquartierungen im Palais Schaumburg

1919
28. Juni 1919 Unterzeichnung des Friedensvertrages in Versailles
11. August 1919 Weimarer Reichsverfassung tritt in Kraft

1926
Besatzungstruppen verlassen Bonn

1927
Im Sommer erste Begegnung mit dem russischen Emigranten „Baron" Alexander Zoubkoff
19. November 1927 standesamtliche Trauung Viktorias mit Alexander Zoubkoff im Rathaus von Bonn.
21. November 1927 Trauung nach russischem Ritus im Palais Schaumburg

1929
September 1929 Zoubkoff setzt sich wegen drohender Ausweisung aus Deutschland nach Luxemburg ab.
Anfang November reicht Viktoria die Scheidungsklage beim Bonner Landgericht ein.
13. November 1929 Viktoria stirbt nach mehrtägigem Krankenhausaufenthalt in Bonn.

1936
Tod Alexander Zoubkoffs

Personen

Adenauer, Konrad (1876-1967) Bundeskanzler von 1949 bis 1963
Adolf, Fürst zu Schaumburg-Lippe (1817 – 1893) Schwiegervater Viktorias (Moretta)
Adolf, Prinz zu Schaumburg-Lippe (1857 – 1916), 1. Gemahl Viktorias (Moretta)
Adolf, Fürst zu Schaumburg-Lippe (1883 – 1936), angeheirateter Neffe Viktorias (Moretta), muß 1918 abdanken
Albert, Prinz of Wales (1895 - 1952), zweiter Sohn König Georg V. von Großbritannien und Irland, Vetter Viktorias (Moretta), 1936 König Georg VI.
Augusta, Prinzessin von Sachsen-Weimar (1811-1890), Gemahlin Kaiser Wilhelms I.
Auguste Viktoria, Prinzessin zu Schleswig-Holstein-Sonderburg-Augustenburg (1858-1921), 1. Gemahlin Kaiser Wilhelms II.
Alexander II. (1818 – 1881) von 1855 bis 1881 Kaiser von Russland
Alexander III. (1845 – 1894) von 1881 bis 1894 Kaiser von Rußland
Alexander, (Sandro) Prinz von Battenberg, (1857 – 1893), 1879 bis 1886 als Alexander I. Fürst von Bulgarien, nimmt 1889 den Titel Graf Hartenau an
Alexander, Prinz von Hessen-Darmstadt, (1823-1888), Vater Alexanders von Battenberg
Alice, Prinzessin von Hessen-Darmstadt, (1872 – 1918)
Baden, Max Prinz von (1867-1929), Reichskanzler vom 3.10.1918 bis zum 9.11.1918
Benedek, Ludwig August Ritter von (1804-1881) österreichischer General
Bernhard, Erbprinz von Sachsen-Meiningen (1851-1928), Gemahl der Prinzessin Charlotte von Preußen, Schwager Viktorias (Moretta)
Biegeleben, Ludwig Maximilian Freiherr von (1812 -1872) hessischer, dann österreichischer Staatsmann und Diplomat
Bismarck, Otto Fürst von (1815-1898) preußischer Ministerpräsident und Außenminister, von 1871 bis 1890 Reichskanzler
Blücher, Elisabeth (Elsa) Baronin von (1865 – 1947), Hofdame der Prinzessin Viktoria (Moretta)
Bourke, britischer Marineoffizier
Brandt, Willy (1913-1992), Bundeskanzler von 1969 bis 1974
Carl, Prinz von Schweden (1861 – 1851)
Carmen Sylva (1843-1916), Dichtername der Königin Elisabeth von Rumänien, geb. Prinzessin zu Wied, Gemahlin König Karls I. von Rumänien
Charlotte, Prinzessin von Preußen (1860 - 1919), Schwester Viktorias (Moretta), 1878 vermählt mit Erbprinz Bernhard v. Sachsen-

Meiningen (1851-1928), 1914-1918 Herzog Bernhard III. von Sachsen-Meiningen

Ebert, Friedrich (1871-1925), sozialdemokratischer Politiker, von 1918 bis 1925 Reichspräsident

Elisabeth (1837 – 1898) österreichische Kaiserin

Erhard, Ludwig (1897-1977) Bundeskanzler von 1963 bis 1966

Ernst, Graf zur Lippe-Biesterfeld (1842 -1904), 1897 bis 1904 Regent des Fürstentums Lippe-Detmold

Eulenburg und Hertefeld, Fürst zu (1847-1921) Diplomat und Vertrauter Kaiser Wilhelms II.

Franz Ferdinand (1863 – 1914), österreichischer Thronfolger , 1914 in Sarajewo ermordet

Franz Joseph I. (1830 – 1916) österreichischer Kaiser

Friedrich III. (1831 – 1888) bis 1888 preußischer Kronprinz Friedrich Wilhelm, 1888 für 99 Tage Deutscher Kaiser Friedrich III. Vater Viktorias (Moretta)

Friedrich Karl, Landgraf von Hessen (1868 – 1940), Gemahl von Viktorias (Moretta) Schwester Margarete

Friedrich Wilhelm III. (1770-1840), König von Preußen, Gemahl der Königin Luise

Friedrich Wilhelm (1893-1916) ältester Sohn von Viktorias (Moretta) Schwester Margarete, im 1. Weltkrieg gefallen

Friesenhausen, Elisabeth von (1696-1764) Gemahlin des Grafen Friedrich von Schaumburg-Lippe

Georg, Fürst zu Schaumburg-Lippe (1846 – 1911), Schwager Viktorias (Moretta)

Georg II. (1826 – 1914) seit 1866 Herzog von Sachsen – Meinigen

Georg II. (1890 – 1947) von 1922 bis 1923 und von 1935 bis 1947 König von Griechenland

Georg V. (1865-1936), seit 1910 König von England, Vetter Viktorias Moretta)

Haehner, Alfred Dr. , Leibarzt Wilhelms II. im Exil

Haffner, Sebastian (1907) Historiker

Haucke, Julie, Gräfin von (1825 – 1895), verehelichte Prinzessin von Battenberg, Mutter Alexanders von Battenberg (Sandro)

Heinrich, Prinz von Preußen (1861 - 1929), Bruder Wilhelms II. und Viktorias (Moretta)

Heinrich (Liko), Prinz von Battenberg (1858 – 1944), verehelicht mit Beatrice von England, jüngster Tochter der Queen Victoria

Heldburg, Helene Freifrau von, geb. Ellen Franz (1839 – 1923), Schauspielerin, 3. Gemahlin Georgs II. von Sachsen-Meiningen

Hermine, Fürstin zu Schaumburg-Lippe, geb. Prinzessin von Waldeck (1827 – 1910), Schwiegermutter Viktorias (Moretta)

Heyl, Hedwig (1850 – 1934), Sozialpolitikerin, Gründerin der
  Haushaltungsschule im Berliner Pestalozzi-Fröbel-Haus (1884)
Hohenlohe-Schillingsfürst, Chlodwig Fürst zu (1819 – 1901),
  Reichskanzler von 1894 bis 1900
Karl I. (Carol) (1838 – 1914) ab 1866 Fürst, ab 1881 König von Rumänien
Karl Alexander, Fürst zu Lippe-Detmold (1831-1905), regierungsunfähig,
  daher mehrere Regentschaften
Konstantin I. (1868-1923) König der Hellenen von 1913 bis1917 und
  on1920 bis 1922, Schwager Viktorias (Moretta)
Leopold IV. (1871 – 1949), Graf zur Lippe-Biesterfeld, seit 1904 Regent,
  von 1905 bis 1918 Fürst von Lippe-Detmold
Liebknecht, Karl (1871-1919), sozialistischer Politiker
Löns, Hermann (1866-1914) Schriftsteller
Loisinger, Johanna (1865 – 1951), Opernsängerin, seit 1889 Ehefrau des
  Grafen Hartenau (Alexander von Battenberg)
Ludwig (Louis), Prinz von Battenberg (1854 -1921), verehelicht mit
  Viktoria von Hessen-Darmstadt
Luise (1776 – 1810) Gemahlin König Friedrich Wilhelms III. von Preußen
Kiesinger, Kurt Georg (1904-1988), Bundeskanzler von 1966 bis 1969
Margarete (Mossy), Prinzessin von Preußen (1872 – 1954), Schwester
  Viktorias (Moretta), vermählt mit Friedrich Karl von Hessen-Kassel
  (1868 – 1940)
Maximilian (1894-1914) zweiter Sohn von Viktorias (Moretta)
  Schwester Margarete, im 1. Weltkrieg gefallen
Moltke, Helmut von (1848-1916) preußischer Generaloberst
Napoleon I. (1769 – 1855) von 1804 bis 1814 Kaiser der Franzosen
Napoleon III. (1808 – 1873) Neffe Napoleons I., von 1852 bis 1870
  Kaiser der Franzosen
Oskar II. (1829 – 1907) König von Schweden
Philipp (1601 – 1681), ab 1647 Graf von Schaumburg-Lippe,
  Begründer der selbständig regierenden Linie des Hauses Schaumburg-Lippe
Rudolf (1858 – 1889) österreichischer Kronprinz
Salviati, Alexander von (+1922) seit 1904 Chef der Hofhaltung im
  Palais Schaumburg in Bonn
Scheidemann, Philipp (1865-1939), sozialdemokratischer Politiker
Schmidt, Helmut (*1918), Bundeskanzler von 1974 bis 1982
Schönaich-Carolath, Hermine Prinzessin von (1887 – 1947), zweite
  Gemahlin Wilhelms II.
Sigismund, Prinz von Preußen (1864 – 1866), Bruder Viktorias (Moretta)
Simon VI. (1554-1613) Graf zur Lippe-Detmold
Simon VII. (1587-1627) Graf zur Lippe Detmold
Solemacher, Egon Freiherr von, Kammerherr und Finanzberater Viktorias
Sophie, Prinzessin von Preußen (1870 – 1932), Schwester Viktorias

(Moretta), 1889 vermählt mit Kronprinz Konstantin von Griechenland (1868 – 1923)

Strauß und Torney, Lulu von (1873 – 1956) Schriftstellerin

Unruh, Modeste von (1782-1854) Gemahlin des Grafen Ernst von Lippe-Detmold

Victoria, Königin von Großbritannien und Irland (1818 – 1901), Großmutter Morettas, vermählt mit Albert von Sachsen-Coburg-Gotha (1819 – 1861)

Victoria (1840-1901) Tochter der englischen Königin Victoria, Gemahlin des preußischen Kronprinzen Friedrich Wilhelm und späteren Kaisers Friedrich III., Mutter Viktorias (Moretta)

Viktoria-Luise (1892-1980), Tochter Wilhelms II.

Waldemar, Prinz von Preußen (1868 – 1879), Bruder Viktorias (Moretta)

Waldersee, Alfred Graf von (1832 – 1904), Generalfeldmarschall

Wartensleben, Caroline Gräfin von (1844-1905), Gemahlin Ernsts zur Lippe –Biesterfeld, Regent von Lippe-Detmold von 1897 bis 1904

Wilhelm I. König von Preußen (1797 – 1881), Großvater Viktorias (Moretta), vermählt mit Augusta von Sachsen-Weimar (1811 – 1890), 1871 – 1888 Deutscher Kaiser

Wilhelm II. Prinz von Preußen (1859 – 1941), Bruder Viktorias (Moretta), 1888-1918 Deutscher Kaiser, in 1. Ehe vermählt mit Auguste Viktoria von Holstein-Augustenburg; in zweiter Ehe mit Hermine Prinzessin von Schönaich – Carolath

Woldemar, Graf zur Lippe - Detmold (1824-1895), von 1875 bis 1895 Regierender Fürst zur Lippe-Detmold, verstarb ohne Leibeserben, anschließend „Lippischer Erbfolgestreit"

Wolrad, Prinz zu Schaumburg-Lippe, ab 1936 Chef das Hauses Schaumburg-Lippe

Zoubkoff, Alexander, angeblicher russischer „Baron" (1900-1936) zweiter Ehemann Viktorias (Moretta)